무용과
인체과학

Dance & Science

나경아 지음

보고사

나경아

이화여자대학교 체육학 석사
홍익대학교 미학 석사
이화여자대학교 체육학 박사
현재 한국예술종합학교 무용원 이론과 교수

사진: **KUMA**COMPANY 이강철
모델: 주사라, 김도연

무용과 인체과학

2016년 8월 17일 초판 1쇄 펴냄

지은이 나경아
펴낸이 김흥국
펴낸곳 도서출판 보고사

책임편집 황효은
표지디자인 손정자

등록 1990년 12월 13일 제6-0429호
주소 경기도 파주시 회동길 337-15 보고사 2층
전화 031-955-9797(대표), 02-922-5120~1(편집), 02-922-2246(영업)
팩스 02-922-6990
메일 kanapub3@naver.com / bogosabooks@naver.com
http://www.bogosabooks.co.kr

ISBN 979-11-5516-579-9   93680
ⓒ 나경아, 2016

Above all else, guard your heart,
for everything you do flows from it.

Proverbs 4:23

서문

　과학은 자연현상의 원리를 체계적으로 밝혀 나가는 것이다. 이 책은 자연의 일부인 '춤추는 인간의 몸'에 관한 기능적 원리를 이해하고 적용하는 내용으로 구성되어 있다. 과학이나 무용 활동 모두 경험을 기반으로 진행된다. 과학자들은 경험을 통해 새로운 기술을 발전시키며, 무용수들은 움직임 경험을 통해 예술작품을 완성시켜 나간다. 차이를 말한다면 과학은 보다 더 이성적 합법칙성을 추구하며, 무용은 감성적 표현을 추구하는 것이다. 이 책에서는 운동과학의 영역을 무용 활동에 연결시켜서 훈련과정에 도움이 되는 이해와 적용 가능성을 찾고자 한다.

　춤추는 활동에 몰입하다 보면, 몸에 대한 자신의 주관적 경험과 느낌에 많이 의존하게 된다. 춤을 표현할 때, 주관적 해석력이 자신만의 독창적 스타일을 찾아가는 과정에서 필수적이기 때문에 경험에서 나오는 자신의 판단이 중요하다. 그러나 춤을 연습하는 과정에서 나타나는 통증이나 기능장애에 대한 문제는 다르게 접근해야 한다. 물론 일반적 신체 사용범위를 넘어서는 강도 높은 훈련으로 인한 문제는 부상에 이르기 전에 정확한 진단을 받기 어려운 경우도 있다. 공연과 연습일정 때문에 "근골격계 손상으로 인한 염증반응을 가라앉히기 위해 쉬어야 한다"라는 의사의 처방을 따를 수 없는 경우도 발생한다. 그러나 신체구조와 기능적 원리를 고려하지 않은 채 지속적으로 자신의 느낌이나 판단으로만 대처하다 보면 심각한 부상이나 탈진에 이를 수 있다.

　공연예술 활동을 통한 미적인 경험은 일종의 가상적 현실 체험이지만, 그것을 구현하는 몸은 생물학적 유기체로서 자연의 법칙을 따른다. 과학적 원리를 고려한 무용연습은 무용수로서의 생명을 연장시켜주고 예술적

체험을 안전하고 풍부하게 할 수 있게 한다. 인간 운동능력의 다각적 국면을 고려한 과학적 방법은 올림픽 선수들을 배출하는 한국체육계에 발전을 가져왔다. 월드컵 신화를 가져온 히딩크 감독의 과학적 축구는 한국 축구계를 발전시켰다. 체육 분야에 적용되는 과학적 훈련이 낯설지 않은 것처럼 운동과학을 무용에 적용하려는 노력은 유럽과 북미권을 중심으로 무용수 건강을 위한 교육과정의 변화와 관련 학회, 관련 기구들의 활동으로 발전되고 있다.

무용수 교육에서 인간 신체-정신의 원리에 대한 지식을 바탕으로 객관적인 판단이 이루어져야 한다. 이러한 교육적 관점은 몸에 관한 실천적 지식을 발전시키고 무용과 관련한 다양한 영역에 적용될 수 있다. 먼저 무용수들의 입장에서는 자신의 한계와 가능성을 바르게 파악하여, 자신의 몸에서 일어나는 문제들을 보다 적절하게 대처할 수 있다. 또한 연습과정에서 효율성을 높이고 스스로의 훈련과정을 체계적으로 관리할 수 있게 된다. 창작자들에게는 인간 몸에 대한 본질적 이해를 바탕으로 실험적 창작활동에 아이디어를 제공할 수 있다. 무용 교육자들에게는 현장교육의 질적 향상을 위한 이해와 교육과정에 대한 통찰력을 제시해 준다. 무용 이론가들에게는 진정한 매체론적 접근으로서의 몸에 관한 이해력을 높여 준다.

〈무용과 인체과학〉은 15주간 교과과정에 맞춘 학습교재이다. 1장은 무용 웰니스를 위한 훈련의 원리를 다룬다. 2장에서는 무용성격, 무용수행 관련 심리, 공연불안 그리고 훈련방법을 다룬다. 3장에서 체력훈련을 위한 영양섭취, 유산소운동, 근력운동, 유연성 운동방법에 대해 다룬다. 4장에서는 동작표현의 원리와 동작기술의 분류법을 배운다. 마지막 5장에는 매주 활용할 훈련일지와 최종적으로 작성하는 자기관리를 위한 훈련계획서가 첨부되어있다. 마지막 부분의 무용수를 위한 문장은 매주 훈련일지와 함께 반복 암기하면서 정신적 훈련을 하도록 제시하였다.

이 책을 수업에 활용하기 위해 첫째, 교사는 무용수행과 연관된 과학적 지식, 근골격계의 구조와 기능, 기초체력, 신체구성, 동작기술, 무용심리의 기초개념을 무용 상황에 적용시켜 전달한다. 그룹활동과 발표를 통해 무용멘탈 훈련, 스트레스 관리, 체력훈련, 영양섭취, 동작기술 표현 등 구체적인 훈련방법들을 전공과 개인적 특성에 따라 적용해 보도록 이끌어 간다. 배운 내용을 일상생활에서 실천해 보고 훈련일지를 작성하도록 지도한다.

둘째, 학생들은 공연활동에 필요한 심리-신체 영역에 걸친 진단과 평가를 토대로 스스로 계획을 세운다. 진단을 통해 무용하는데 방해를 받고 있는 문제를 찾고, 자발적으로 성취 목표를 정한다. 목표가 정해지면 개인에게 필요한 방법을 찾는다. 기초체력운동, 동작기술연습, 심상, 자화, 루틴, 심신 이완법, 이미지 트레이닝 등 배운 방법을 적용해 본다.

셋째, 교사는 각 장에서 배운 지식에 근거하여 진단결과를 해석해 준다. 학생들은 활동노트를 통해 수업내용과 관련된 실천결과를 보고한다. 훈련일지를 작성하고 실천해 나가면서, 정기적으로 그 결과를 확인한다. 이때 현실적이고 구체적인 내용을 적용해서 성공적인 경험을 하고 있는지 확인해야 한다. 동시에 필요한 부분에 대한 전문적 상담이나 동료그룹 활동을 통해 지지를 받을 수 있도록 한다. 학생들과 교사는 함께 긍정적 변화를 확인하는 것으로 자발적 참여를 이끌어 간다.

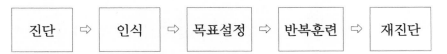

진단 ⇨ 인식 ⇨ 목표설정 ⇨ 반복훈련 ⇨ 재진단

무용수의 자기관리 과정(나경아, 2011)

목차

무용과학

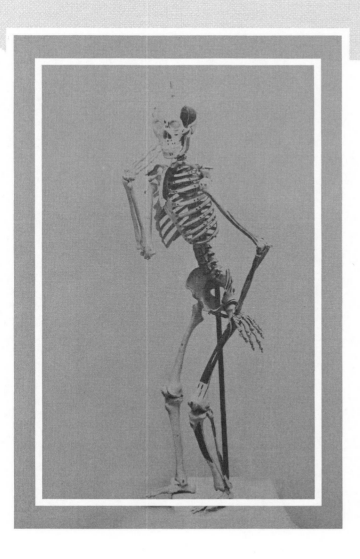

1. 무용 웰니스

많은 사람들이 지켜보는 공연 무대에서 어려운 동작들을 물 흐르듯이 자연스럽게 해낼 수 있을 때, 무용수 자신은 존재의 일체감, 만족, 행복을 경험한다. 그 순간을 만들어 내기 위해 많은 시간을 연습에 헌신하게 된다. 최상의 컨디션으로 평생 춤을 추는 일은 모든 무용수의 바람이다. 무용 웰니스는 무용수 개인의 최고의 공연능력을 오랫동안 유지하는 것을 목표로 한다. 이를 위해 신체능력, 영양상태를 돌보는 영역과 심리상태를 돌보는 영역, 주변 사람들과 좋은 관계를 형성하는 영역, 징크스나 신념에 관련된 영역, 연습 및 휴식의 균형을 맞추는 영역, 일정을 관리하고 환경과 조화를 이루는 영역 등 다양한 영역에서 웰니스를 유지해야 한다.

무용수들은 매일 반복되는 과중한 훈련 압박을 이겨나가는 과정을 반드시 거쳐야 한다. 무용수가 되기 위해 비교적 어린 나이부터 연습을 시작하게 된다. 오랫동안 특정 춤 동작을 집중적으로 반복하다 보면 신체 과사용으로 인한 증상들이 나타난다. 연습과 공연일정을 맞추다 보면, 자신의 건강을 돌볼 겨를이 없다. 완성된 무대를 준비해 나가는 성장과정에서 개인적 성취욕구가 강렬하기 때문에 몸의 불편한 신호들을 무시하고 지나가는 경우도 생긴다. 이러한 과정이 누적되다 보면 부상과 통증, 기능장애, 탈진이나 슬럼프 같은 심리·신체적으로 힘든 상황에 부딪힌다.

모든 무용수들이 부상이나 통증이 없는 상태를 유지하고 싶어 하지만 신체 과사용으로 인해 이런 문제에 직면하는 것 역시 피할 수 없는 일이다. 국내외 연구조사 결과를 통해 알 수 있듯이, 연습과정에서 대부분의 무용수가 부상을 경험한다. 따라서 부상이나 통증 등 부정적인 상황이 발생하더라도 적극적으로 극복하고 이길 수 있는 방법을 찾아 실천해야 한다. 어떠한 상황 속에서도 무용수의 삶의 질이 유지될 수 있는 것, 그것이 무용과학이 추구하는 진정한 무용 웰니스이다.

평소에 최적화된 건강과 활력을 유지하기 위해 건강관리에 대한 내용들을 훈련과정 속에 포함시키고 무용수 스스로 건강을 위한 연습과정에 관심을 기울이도록 해야 한다. 무엇보다 공연을 위한 바람직한 행동습관을 지녔는지 검토해 볼 수 있는 내적인 힘을 길러 나간다. 건강한 상태에 도달하기 위해서는 생활습관의 관리가 무엇보다 중요하다. 장시간 연습으로 인해 신체는 과각성 상태가 되고, 과각성 상태는 수면장애를 유발한다. 또 잦은 다이어트, 고열량 식품, 고나트륨을 선호하는 식사습관, 술과 담배 등은 체력저하의 원인이 된다.

○ 생활습관 관리

무용수들은 운동학적 정보를 활용하고 전문적 건강관리 기관의 도움을 받기 위해 먼저 자신의 상태를 잘 파악해야 한다. 불편한 곳은 없는지? 통증과 관련한 근골격계의 손상은 없는지? 정신적 압박을 받는 이유는 무엇인지? 무용 상황 속에서 건강을 위해 자신에 대해 느끼고 생각하고 실천할 수 있는 의지가 필요하다.

무용수들은 완벽한 공연을 위해 충실한 준비를 해야 하므로, 과훈련(overtraining)은 필수적이다. 그러나 적정 수준을 넘어선 훈련을 지속적으로 하면 정신적·육체적으로 복합적인 문제를 야기한다는 사실을 알아야 한다. 무용수는 평소 자신의 컨디션을 점검해서 최적의 훈련과 과훈련의 차이를 구분해야 한다. 과훈련을 피하면서 최적의 훈련을 할 수 있는 방법을 모색해야 한다. 공연 연습 일정이 지속되기 때문에 여가나 취미생활을 하기 어렵지만, 연습과 함께 적절한 휴식을 취할 수 있도록 방법도 찾아야 한다.

○ 과훈련

무리한 연습은 오히려 공연력 저하나 훈련 능력을 저하시키게 되며, 정신적·육체적으로 지치게 만든다. 공연력이나 훈련 능력의 저하뿐만 아니라 근육통, 관절통, 식욕부진, 불면증과 같은 신체적 문제, 경쟁에 대한 두려움, 의욕이나 집중력 상실과 같은 심리적 문제들을 야기하게 된다. 최고의 공연을 위한 준비과정에서 받는 과도한 심리적 부담이 오히려 공연을 방해하게 되는 것이다.

무용에 가장 큰 방해가 되는 요소는 부상(injury)이다. 무용부상은 크게 골격과 근육의 부상으로 구분된다. 골격부상은 골절이나 염좌, 인대파열 등이 있으며, 근육부상은 좌상, 근막통, 건 손상 등이 있다.

○ 부상

부상의 유형은 갑자기 손상을 입는 급성손상(acute injury)과 오랫동안 반복적인 사용으로 인한 만성손상(chronic injury)으로 구분된다. 급성상해의 초기 치료는 종창을 감소시키는 일이다. 종창은 손상부위를 압박하여 통증을 유발하며, 근수축력을 약화시킨다. 손상 초기에 종창을 조절하면 재활을 위한 시간이 단축된다. 종창치료를 위해서는 안정 후 휴식(rest), 냉찜질(ice), 압박(compression), 손상을 입은 부위를 높은 곳으로 올려둔다(elevation).

O 부상 대처법

냉찜질은 보통 부상 후 2-3일(72시간) 이내 적용하며, 온찜질은 급성기 이후 부상부위에 통증 완화와 조직이완을 목적으로 사용한다. 급성기를 지나면 열치료, 전기 자극, 초음파치료, 물리치료를 받는다. 일정 기간 동안 부종과 열감이 사라지고 안정되면 재활운동에 들어간다. 만성손상의 치료를 위해서는 신체 상태를 점검하고, 유연성과 근력을 키워나가야 한다. 심부근육과 대근육 균형과 가동범위를 확장시키고, 코어를 강화해야 한다. 본인에게 맞는 컨디셔닝 및 트레이닝 방법을 찾고, 지속적으로 실천해 나가는 과정이 중요하다.

과훈련을 지속하다 보면 에너지 고갈로 인해 탈진(burn-out) 상태에 이르게 된다. 무용수가 탈진을 경험하게 되면 우울, 의욕상실, 무기력 등의 정신적 증상뿐 아니라 부상 위험 증가, 면역력 감소, 근력 약화 등의 신체적 증상까지 함께 동반하게 된다. 탈진이 계속해서 반복되면, 결국에는 무용에 대한 의욕을 잃고 중도포기(drop-out) 상태에 이르게 된다. 춤추는 상황에서 에너지 고갈은 흔하게 일어난다. 삶에 최선을 다했다는 증거라고 생각할 수 있다. 그러나 적절하게 대처해 주지 않으면 생리적, 심리적 문제로 인해 원인을 찾기 어려운 슬럼프에 이르게 만들 수 있다. 무용수들 자신이 경험하는 것이 탈진이라는 사실을 인식하고 적극적으로 대처한다면 갑작스런 수행력 저하나 의욕상실을 막을 수 있다.

O 탈진

2. 심리–신체훈련

　무용수들의 건강(wellness)과 최고수행력(peak performance)을 이끌어 주는 운동 과학적 기초트레이닝의 방법들이 고려된다면 무용수들이 신경과 근육작용을 이해하는 일이 쉬워진다. 이렇게 스스로의 인식력이 향상되면 몸을 사용할 때 기능적 향상도 따라온다. 무용수에게 적용할 수 있는 체계적인 정보가 충분히 제공된다면 스스로의 건강관리에 대한 의지를 키워나가는 데 도움이 된다. 실기연습에 매진하고 있는 무용수들이 무용수행에 필요한 여러 영역에 관심을 기울이게 하려면, 일반적 운동학정보에 근거하여 보다 구체적으로 무용영역에 필요한 내용을 반영해 주어야 한다.

　신체를 수단으로 하여 동작을 반복적으로 수행함에 따라 지속적인 변화를 일으키는 것이 운동학습(motor learning)의 원리이다. 무용을 학습한다는 것은 연습이나 경험을 통해 나타나는 동작의 비교적 영구적인 변화가 나타나는 것이며, 수행할 수 없었던 무용동작이 반복연습으로 인하여 획득되는 과정이다. 무용 훈련과정에서 공연관련 동작기술 외에도 여러 영역에 훈련이 필요하다. ○ 훈련영역

　무용수들은 무용수행에 영향을 주는 여러 요인들은 진단하고 스스로 인식해야 한다. 개인의 신체적, 정신적 상태를 진단하고 동작기술의 특징들을 분석하고 진단하는 것, 평소 생활방식을 점검하고 인간관계에서 오

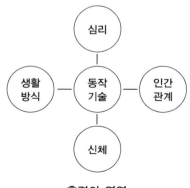

훈련의 영역

는 어려움은 없는지 살펴야 한다. 또한 필요한 영역에 목표를 세우고 실천하여 균형 있게 향상시켜 나가야 한다.

심리-신체훈련의 궁극적 목표는 개개인의 특수한 상태를 파악하고, 분명한 목표의식과 이를 이뤄나가는 과정에서 긍정적인 정신을 유지하는 것이다. 훈련은 자신의 상태를 인식하고 진단하는 데서 출발한다. 인식을 바탕으로 목표를 정하게 되는데, 목표는 현실적이며 변화 가능한 것이어야 한다. 목표를 이루기 위한 계획을 세우며, 지속적으로 실천해 나가야 한다.

○ 훈련계획

구체적인 훈련목표 실행을 위해서는 연습의 빈도, 강도, 시간, 유형에 따른 계획을 세워야 한다. **빈도(frequency)**는 얼마나 자주 실행할 것인가를 정하는 것이다. **강도(intensity)**는 평소 활동수준보다 난이도를 높이는 것을 말한다. 고강도 운동은 긴 휴식이 필요하며, 중간 혹은 낮은 강도의 운동은 매일 실천하는 것이 좋다. **시간(time)**은 기초체력이나 심리훈련을 실시하는 시간, 횟수 등이다. **유형(type)**은 개인에게 필요한 활동목표에 따른 연습의 종류를 말한다. 본인의 상태와 자신의 훈련목표에 맞게 훈련 내용을 결정하고 점차 그 강도를 조절해 나가야 한다.

신체훈련을 위해서는 훈련 전과 후에 적정한 몸 상태를 만들기 위해 웜업과 쿨다운을 실시해야 한다. 훈련을 하기 전, **웜업(warm-up)**은 체온을 높이고 관절을 부드럽게 하며, 정신적인 준비를 하는 것이다. 본 훈련 내용과 유사성이 있는 저강도 운동을 실시한다. 흔히 스트레칭을 웜업으로 생각하는데, 스트레칭은 근력 혹은 근지구력 훈련 후 근육의 온도가 높아졌을 때 하는 것이 안전하다.

○ 웜업

훈련 후에는 **쿨다운(cool-down)**을 한다. 훈련 중에는 순환되는 혈액의 대부분이 근육과 피부로 직접 공급되지만, 훈련이 끝난 휴식기에는 급격히 줄어든다. 이때 갑자기 활동을 멈추면 심장과 뇌로 되돌아오는 피의 양이 충분하지 않아서 현기증이 날 수 있다. 그러므로 연습 후에는 바로 눕거나 앉지 않고 5-10분 정도 느린 속도로 지속적으로 움직이는 것이 좋다. 강한 훈련 뒤에는 쿨다운을 조금 더 길게 하는 것이 좋다.

○ 쿨다운

신체훈련의 원리

인간의 신체는 외부의 스트레스 자극에 맞춰 변화하는 적응력이 있다. 반복적인 연습으로 인해 변화가 나타나며, 발전하게 되는 것이 훈련의 대원칙인 적응성(adaptation)이다. 훈련의 원리를 이해하고 적용하면 가장 효과적인 연습 방법을 찾을 수 있다.

기초체력 향상을 위한 훈련에서 특수성(specificity), 점진적 과부하(progressive overload), 가역성(reversibility), 개인차(individual differences)와 같은 원리를 이해하면 자신에게 맞는 훈련 프로그램을 계획할 때 도움이 된다.

○ 신체훈련

특수성
(specificity)

훈련 양의 증가로 신체에 나타나는 구체적 변화는 어떤 활동을 선택하는지와 밀접한 관련이 있다. 웨이트 트레이닝은 근력을 강화시키지만 심폐지구력이나 유연성을 효과적으로 발전시키지는 않는다.

점진적 과부하
(progressive overlaod)

신체 기능의 향상에 따라 운동량도 변화해야 한다. 연습의 양이 점진적으로 증가할 때, 효과가 지속적으로 나타난다. 이것이 점진적 과부하다. 연습량은 개인의 현재 신체 수준과 밀접한 관련이 있다. 개인에게 필요한 수준을 파악하고, 조절해 나가야 한다.

가역성
(reversibility)

신체는 낮은 수준이나 높은 수준의 활동에 적응한다. 운동을 쉬면 두 달 안에 능력의 50%를 상실하게 된다. 그러나 모든 수준이 동일한 비율로 상실되는 것은 아니다. 근력은 쉽게 복원되어 일주일에 한 번만 해도 유지된다. 그러나 심폐지구력은 2-3일 혹은 몇 주만에 쉽게 사라진다.

개인차
(individual differences)

신체능력은 개인차가 크다. 같은 훈련에도 반응이 다르게 나타나므로 훈련 프로그램은 개인에 맞게 계획되어야 한다.

심리훈련의 원리

정신은 사람의 육체와 행동을 좌우한다. 부정적인 심리 상태는 부정적인 에너지를, 긍정적인 심리 상태는 긍정적인 에너지를 발산한다. 내면의 욕구, 동기, 감정, 의지, 생각들은 눈으로 보이지 않지만 자신의 삶을 좌우하는 큰 힘을 발휘한다. 인간의 마음을 조절하는 것은 어렵지만 훈련을 통해 이뤄나갈 수 있다.

마음도 일종의 훈련이 필요하며, 체계적인 노력으로 이끌어 나갈 수 있다. 마음의 훈련을 반복하면 뇌의 회로가 강화되고 새로운 신경망이 만들어진다. 이는 신체훈련으로 체력이 향상되고, 동작연습으로 기술이 향상되는 것과 같은 원리이다. 정신 발달은 아동기에 끝나는 것이 아니라 전 생애를 거쳐 형성된다. 정신은 새로운 변화에 의해 발달하는데, 이는 정신이 고정된 체계가 아니라 환경과 상호작용을 통해 변화하는 조직이기 때문이다.

○ 정신훈련

정신력이 강해지도록 훈련하는 과정을 정신훈련(mental training)이라고 한다. 정신에 반복적인 자극이나 강력한 경험은 뇌에 흔적을 남기고, 마음의 틀을 만든다. 뇌는 현실적 경험뿐 아니라 가상적 경험으로도 변화한다. 정신훈련을 위해 인지적, 행동적 방법들을 다양하게 적용하여 정신력을 발전시킬 수 있다.

웰니스 행동진단

영역		현재 나의 상태
생활 방식	인간관계	
	기호식품 술/담배/당분 등	
	수면습관	
	시간관리	
	취미생활	
	휴식	
정신		
신체		
동작기술		

2

정신훈련

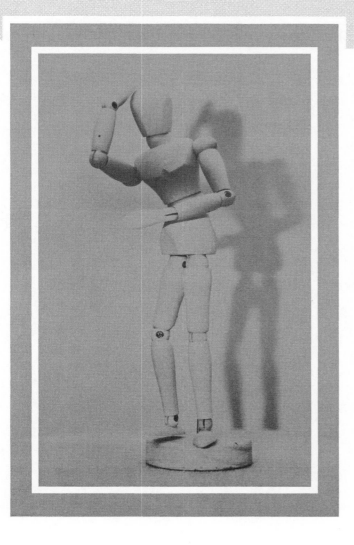

사람은 태어날 때부터 특정 기능을 선호하는 경향을 가지고 태어나며, 자기가 선호하는 기능에 가장 많은 관심을 나타낸다. 자기가 좋아하는 기능을 계속 사용하다 보면 강화를 받아 더욱 잘 통제하고 신뢰할 수 있게 되며 점차 그 기능이 확장되어 다른 활동에도 적용된다. 개인의 성장, 발달 과정에서 외부 자극 또한 중요한 역할을 한다. 환경으로부터 지지를 받으면 선천적인 능력이 잘 발달되고, 환경에서 지지를 받지 못하면 환경에 맞춰 적응하게 된다. 이런 과정에서 개인의 독특한 정체성이 형성된다(나경아, 2011).

성공적인 공연을 위해서는 연습에 영향을 주는 여러 차원의 심리 요인들을 파악해야 한다. 무용 상황 속에서 나타나는 반응들과 관련된 정신적 상태를 진단할 수 있어야 한다. 무용수는 일상생활에서도 공연을 위한 준비가 이뤄지도록 스스로를 조절하여 동작 수행을 위한 최상의 조건을 유지시켜야 한다. 자신에 대한 객관적인 정보를 바탕으로 자각이 일어나면 자신의 문제들을 찾아내고 조절하기가 쉬워진다.

1. 무용성격

무용하는 사람들이 다른 사람과 구별되는 점(distinguishable)은 무엇인가? 독특한 점(uniqueness)은 무엇인가? 또한 무용하는 사람에게 나타나는 공통점(commonalty)은 무엇인가? 무용 상황에서 일관되며(consistency), 지속적으로(enduring) 나타나는 반응은 어떤 것인가?(나경아, 2011)

○ 행동중심성향

무용하는 사람들은 자신의 신체활동을 즐기는 행동중심성향이 강하다. 신체 움직임을 받아들이는 동작감각 능력과 자신의 감정과 개성을 동작으로 표현하는 능력이 뛰어나다. 하루 대부분의 시간을 연습에 몰두하며, 신체적인 연습과정에서 행복감을 느낀다.

○ 내적 통제력

무용수들은 오랜 시간의 무용 연습을 통해 얻어진 인내력과 통제력이 강하다. 무용수들의 관심사가 오로지 신체를 통한 무용표현에 집중되면 춤 이외의 다른 취미활동이나 정신적 활동을 억제하는 습관이 생긴다. 자기 통제의 내면적 욕구가 강한 무용수는 신체활동의 특정 수준에 도달하기 위해 훈련하는 과정에서 자기 자신을 억압하는 경향이 나타난다.

무용수는 자신에게 있는 모든 능력을 춤에 쏟아붓는 노력을 기울이게 된다. 이런 과정에서 무용 활동에 깊이 몰입하게 된다. 운동선수들이나 무용가들은 신체활동을 통해 객관적 현실과 주관적 환상이 교차하는 중간 상태로 빠져들게 된다. 일종의 도취된 감정은 삶에 강렬한 에너지로 작용하며, 성취감과 희열감을 느끼게 된다. 이런 상태에 빠져 활동하다 보면 무용 이외의 다른 활동, 타인 심지어 자신의 정서 상태에 대해 무관심하게 될 수 있다.

○ 몰입

무용인들은 연습과정에서 자신의 공연능력을 완벽하게 만들고자 하는 경향이 강해진다. 또한 공연의 도구인 자신의 몸을 보다 이상적인 상태로 유지해 나가야 한다는 강렬한 의지를 발휘한다. 여성무용수의 경우 마른 체격임에도 더욱 말라야 한다고 생각하며, 식사를 통제하기 때문에 식이장애의 문제도 발생한다.

○ 완벽주의

무용수의 정신적 특성은 무용 성취를 이루어가는 데 중요한 역할을 한다. 그러나 지나치면 감정을 이해하고 조절하는 데 방해가 될 수 있다. 무용수들은 춤을 통해 관객들에게 감동을 전하는 최고의 성취를 이루는 과정에서 고통은 잘 참아낸다. 그러나 정작 자신과 타인의 감정에 대해 관심을 기울이지 못하게 된다. 무용수 자신의 삶에 대한 태도를 바르게 이해하기 위해서는 스스로에 대한 생각, 감정, 반응들을 주의 깊게 관찰해야 한다. 또한 주변과의 상호작용 특히 언어적 상호작용을 통해 자신의 감정과 생각을 표현하고 반응하는 것이 필요하다.

나는 누구인가?

❏ 나의 성격(personality)

❏ 나의 무용 인생

✎ 성장과정에서 특별히 기억에 남는 일

✎ 무용을 시작한 계기와 무용을 하면서 영향을 받은 사람(무용가, 선생님, 부모님, 선·후배 등)

✎ 무용을 하면서 행복했던 순간이나 어려움(콩쿠르 입상, 슬럼프, 부상, 수술, 방황)을 극복한 일

✎ 현재 나의 모습(그림이나 글 등을 사용하여 다양하게 표현)

✎ 내가 진짜로 하고 싶은 일

무용수들이 최선의 공연을 위해 긍정적 방향으로 마음을 조절하는 것이 수행심리의 목표이다. 관객 앞에서 자신이 연습해 온 기량을 충분히 발휘할 수 있도록 정신적인 준비를 하는 것이다. 춤추고 싶은 의욕이 넘치고, 자신의 기량에 대해 확신하고, 남들 앞에서 평가를 받는 순간에 느끼는 긴장감을 조절하고, 필요한 부분에만 신경을 쓸 수 있어야 한다. 실기연습, 리허설, 공연 등 춤추는 매 순간 외부의 방해요소나 장애물을 차단할 수 있도록 정신적 능력을 발휘하고, 순간적으로 감정적 동요를 경험하더라도 긍정적인 심리 상태로 빠르게 돌아올 수 있어야 한다.

공연을 앞둔 무용수들이 연습한 실력을 발휘하기 위해서는 심리 상태를 진단하고 취약한 부분을 점진적으로 발전시켜야 한다. 무용수행에 필요한 심리적 요인은 공연활동을 열심히 하고자 하는 의욕, 자신이 해낼 수 있다고 생각하는 자신감, 최적화된 긴장 상태, 주의 집중력이다.

동기(motivation)는 무용수행에 대한 열정적 의지를 말한다. 동기는 인간 행동의 가장 궁극적인 이유이다. 무용수는 무용 활동을 열심히 지속해 나갈 수 있는 힘을 유지해야 한다. 무용수행에서 동기유발의 과정이 다시 내면화되는 역동적인 관계가 이루어져야 무용을 하려는 의욕을 지속시킬 수 있다. ○ **동기**

무용수는 무용 활동에 대한 성취동기가 높다. 동기의 경향성은 무용 수행 결과에 대해 성공할 것으로 생각하느냐 실패할 것으로 생각하느냐, 그리고 무용 수행이 최종적으로 무용하는 사람에게 얼마나 의미가 있느냐, 무용수가 성격적으로 무언가를 이루려고 노력하는 타입이냐, 무용수가 성격적으로 결과를 중시하느냐 혹은 수행향상을 중시하느냐에 따라 달라질 수 있다. 또한 무용수 주변의 분위기가 공연 결과에 관심을 갖느냐 수행향상을 중시하느냐에 따라 영향을 받는다.

무용을 할 때, 적정 동기 수준일 때 수행 결과가 좋게 나타난다. 무용을 지속하다 보면 때로는 동기가 높아질 수도 있고 반대로 낮아질 수 있다.

동기가 높은 무용수들은 고도의 에너지를 표출한다. 동기가 높은 무용수는 쉬지 않고 연습에 몰두하는 성향이 나타난다. 이 경우 과로로 인한 신체적 문제나 탈진에 이르지 않도록 주의해야 한다. 이와 반대로 동기가 낮은 무용수는 무용 활동에 의지가 없고 열정이 사라진 모습을 보인다. 이 경우 자신의 동기가 저하된 이유를 찾아야 한다(Taylor, 1980). 흔히 실패감으로 동기가 저하될 수 있지만 반대로 큰 성취가 이뤄진 이후, 목표가 사라졌을 때도 이런 상태가 될 수 있다. 이때 새로운 목표를 정하는 것이 필요하다.

○ 자신감

자신감(self-confidence)은 최상의 기량을 발휘할 수 있다는 스스로에 대한 확신이다. 무대에서 발생할 수 있는 상황에서 흔들리지 않기 위해서는 자기 확신, 즉 자신감이 필요하다. 자신감도 훈련과 연습으로 얻어진다. 무용 동작을 수행하는 사람은 성공이나 승리의 경험을 자주하는 것이 필요하며, 동작과제를 완벽하게 해내는 심상을 해 보는 것도 도움이 된다.

○ 긴장조절

긴장(intensity)**조절**은 공연활동에서 최적의 긴장상태를 유지할 수 있는 능력이다. 세계적인 무용가들도 아마추어 무용가들도 모두 무대에 오르기 전에 **긴장**을 한다. 긴장감을 잘 조절하고 각성수준을 적절히 유지시키면 평상시보다 더 훌륭한 기량을 무대에서 보여주게 된다. 과도한 긴장은 근육의 경직이나 무력으로 조절 능력이 떨어지게 만들기 때문에 적절한 긴장을 유지하는 전략이 필요하다.

○ 집중

집중력(concentration)은 무용수들이 공연 중에 산만하지 않고 자신에게 필요한 활동에 몰입할 수 있는 능력이다. 오랫동안 연습해 온 동작표현을 잘 해내기 위해서 무용 상황에서 자신이 통제할 수 있는 부분에만 집중해야 한다. 최적의 집중상태에 있는 무용수는 공연에 방해가 되는 생각들에서 벗어나게 된다. 공연과 관계되는 것에만 초점을 맞추게 될 때 최상의 공연상태에 이르게 된다.

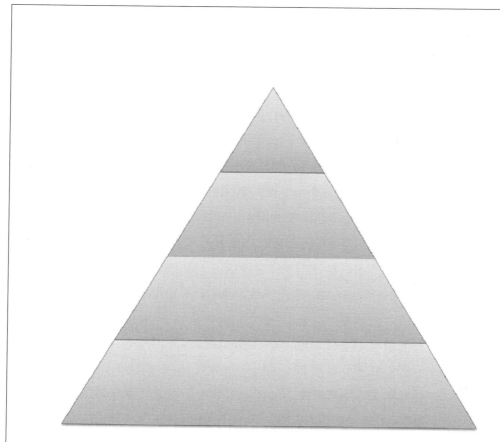

Taylor, J & Taylor C., 1995

무용을 하고 싶은 의욕은 어느 정도인가?	전혀	약간	적당	높다	매우 높다
무용을 잘할 수 있다는 확신은 어느 정도인가?	0	1	2	3	4
무용할 때 긴장을 조절할 수 있는 능력은 어느 정도인가?	0	1	2	3	4
무용할 때 주의 집중할 수 있는 능력은 어느 정도인가?	0	1	2	3	4

관객 앞에서 최고로 완성된 무용을 보여 주어야 한다는 생각은 도전이 되기도 하지만 감당할 수 없는 두려움을 유발하기도 한다. 이러한 불안을 느끼는 것이 모두 부정적인 것은 아니다. 적정 수준의 불안은 최상의 공연 능력을 발휘할 수 있는 최적의 각성상태를 만들어 준다.

불안(anxiety)은 상상적인 위협에 대한 주관적인 느낌으로 불쾌감, 짜증 감을 동반하는 우울, 긴장, 흥분상태이다. 스트레스는 심신으로 느끼는 위협이 발생하는 조건이나 상황을 의미한다. 이는 개인이 불안할 때 나타 내는 반응과 불안을 일으키는 주변 상황과 연관된다.

무용 상황에서 불안을 일으키는 것은 외부적인 요구와 반응 사이의 불 균형에서 비롯되며, 연습, 리허설, 공연 상황에 따라 다르게 나타난다. 불안의 정도 역시 개인의 타고난 특성, 환경적 요인에 의해 영향을 받는 다. 완벽한 공연을 성취해야 한다는 생각, 실패에 대한 공포, 인정받지 못할 것에 대한 두려움, 근육경련이나 부상으로 인한 신체적 증상, 낯선 상황과 징크스는 불안을 야기한다. 그 외에 춤추는 장소의 상태, 시설, 관객, 의상, 소도구 또한 영향을 끼친다. 공연하는 동안 예측할 수 없는 상황들이 발생하면 집중력에 변화가 오고, 불안을 느끼게 되는 것이다.

○ 불안

○ 적정불안

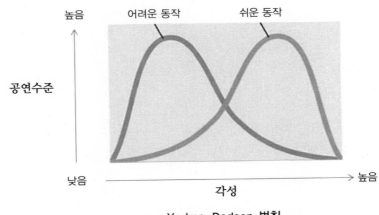

Yerkes-Dodson 법칙

이와 같이 무용 상황에서 발생하는 불안은 무용불안(dance anxiety) 또는 공연불안(performance anxiety)이라고 한다(나경아, 2011).

○ 공연불안

수행의 결과는 적정불안을 유지할 때 최고로 나타난다. 각성수준이 지나치게 낮거나 또는 지나치게 높을 경우에 수행에 방해가 된다. 또한 각성수준은 개인차와 과제의 난이도와도 밀접한 관계를 가진다. 특성불안은 불안을 느끼는 개인의 성향을 말한다. 개인의 특성불안에 따라 최고 수행이 나타나는 적정한 각성수준 역시 달라진다. 특성불안이 높은 사람은 각성수준이 낮은 상태에서 좋은 수행결과가 나타난다. 반대로 특성불안이 낮은 사람은 상대적으로 높은 각성수준에서 최고의 컨디션을 유지한다. 일반적으로 발레처럼 근력, 지구력, 속도 등이 요구되는 대근육 활동에는 상대적으로 높은 각성 상태가 유지되어야 하며, 한국무용처럼 협응력과 안정성 그리고 집중력이 요구되는 경우 상대적으로 낮은 수준의 각성이 수행에 도움이 된다.

무용 스트레스와 공연불안

☐ 무용을 하면서 스트레스를 받는 이유는 무엇인가?

☐ 스트레스를 받으면 어떤 반응을 하는가?

☐ 스트레스를 해소하기 위해 어떤 일을 하는가?

☐ 공연을 하기 전에 불안한 반응은 어떻게 나타나는가?

	전혀	약간	적당	많이	매우 많이
신체적인 긴장감을 느낀다	전혀	약간	적당	많이	매우 많이
공연실수나 결과에 대해 걱정을 한다	전혀	약간	적당	많이	매우 많이

무용 활동에 방해가 되는 외부의 자극에 대해 적절히 대응하도록 정신적 기술을 계발하는 노력이 필요하다. 적절한 수준으로 각성상태를 유지하기 위해 평상시 자신에게 맞는 호흡, 근육이완 방법, 심상, 자화, 루틴을 연습하여 불안한 상황에서 안정적으로 대처할 수 있도록 준비해야 한다.

무용수들은 동작기술을 발전시키기 위해 많은 시간을 무용 연습으로 보낸다. 기술적인 훈련과 마찬가지로, 공연에 임하는 정신적 능력을 위해서도 시간과 노력을 기울여야 한다. 동작기술을 발전시키기 위해 같은 동작을 반복 연습하는 것처럼 심리기술도 꾸준한 반복 연습으로 계발된다. 심리훈련방법에는 자화, 심상, 루틴, 심신이완방법 등이 있다.

자화(self talk)는 필요한 순간에 사용할 적절한 말을 스스로에게 하는 것이다. 특정한 상황에서 자신감과 동기를 부여하고, 긴장감을 조절하고, 집중력을 발휘할 수 있도록 핵심단어는 간단하고 명료하게 만든다. 스스로를 격려하는 표현을 찾고, 목표와 관련된 의미를 강조하는 말을 한다. 직접적인 행동지시어들을 사용하면 다양한 순간에 집중력을 발휘할 수 있다. ○ **자화**

심상(imagery)이란 마음에서 일어나는 경험이다. 심상훈련(imagery training)은 무용 연습이나 공연에 앞서 관련된 장면을 모든 감각을 동원해 상상해 보는 것이다. 마음에서 일어나는 경험을 시각화하여 정신적 훈련을 실시한다. 이때 청각, 시각, 후각, 촉각, 운동감각 등의 다양한 감각을 사용하여 구체적으로 떠올리면 효과가 크다. ○ **심상훈련**

루틴(routine)은 최상의 능력을 발휘하기 위한 습관적인 행동절차이다. 이상적 심신상태를 만들기 위해 실행하는 자신만의 고유한 동작이나 절차이며, 사전에 설정된 동작을 통해서 수행에 일관성을 주는 것이다. ○ **루틴**

루틴훈련은 자신만의 공연준비를 위한 생활의 리듬을 유지하거나, 불필요한 간섭을 방지하는 데 효과가 있다. 공연과 관련되어 처음부터 끝까지 일련의 절차로 이뤄지는 모든 활동을 전체루틴이라고 하며, 특정 수행과 연결된 행동은 부분루틴이다. 특정 수행을 돕는 일련의 행동을 행동루틴이라 한다. 각성조절을 위해 자화, 심상훈련, 명상 등을 실시하는 것은 인지루틴이다.

○ 호흡과 심신이완

호흡과 심신이완(breathing & relaxation)은 최적의 긴장상태를 유지하도록 돕는 행동적 방법이다. 공연에서 각성이 지나치게 낮아진 상태에서는 주의가 산만해져서 불필요한 정보까지도 받아들이는 상태가 된다. 반대로 지나치게 각성이 높아진 상태에서는 주의 집중력이 좁아져서 적절한 판단을 내리기 어렵게 되고, 신체의 긴장이 유발된다. 정신적 각성과 신체 긴장을 이완하기 위해 정해진 순서대로 근육을 이완시키면서 호흡을 함께 해준다. 또한 불안 상황에 대해 점차 둔감해지도록 훈련한다. 신체적 긴장이나 심리적 불안에 대한 반응을 줄여나가기 위해 낮은 단계에서 긴장에 반응하는 정도를 완화시킨 후 다음단계로 이행하여 서서히 적응시킨다. 이때, 근육을 긴장시켰다가 풀어주는 점진적 이완법과 호흡을 함께 해 준다.

생각정지 연습

나는 어떤 상황에서 부정적인 말이나 생각을 하는가?
부정적인 말이나 생각을 긍정적인 말이나 생각으로 바꿔보자!

긍정적인 말과 생각(+)	상황	부정적인 말과 생각(−)

3

체력훈련

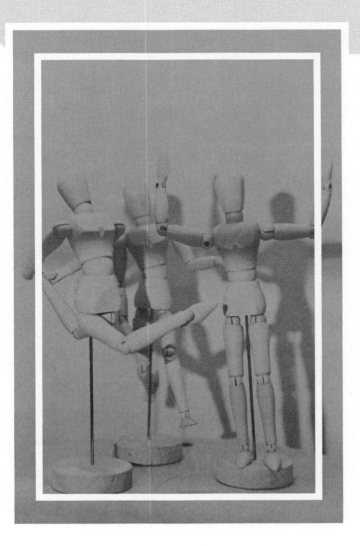

기초체력의 향상은 무용에 필요한 신체적 능력이 향상되는 것 외에도 부상 방지, 재활에 직접적인 영향을 끼친다. 기초 체력에는 신체구성, 심폐지구력, 근력, 근지구력, 유연성이 있다.

○ 신체구성

강도 높은 신체활동으로 인해 상당한 에너지를 소모하는 무용수들은 활동량에 맞는 적합한 신체구성을 유지해야 한다. 그러나 외적으로 드러나는 체형에 집착하는 대다수의 무용수들은 자신의 체중에만 관심을 기울이고 신체구성이 어떠한지는 잘 모르는 경우가 많다. 체중 그 자체보다는 체지방을 줄이고 근육량을 늘려야 대사율이 높아지고 체력에 도움이 된다. 자신의 신체구성을 파악하고, 균형있고 규칙적인 영양섭취를 해야만 오랜 연습 시간 동안 충분한 에너지를 낼 수 있는 몸 상태를 만들 수 있다.

○ 심폐지구력

심폐지구력은 산소와 영양소를 효과적으로 전달하는 순환계와 호흡계의 능력을 말한다. 심폐지구력이 좋은 사람은 운동 중에도 순환계와 호흡계의 대사과정이 활발하여 산소와 영양소를 효과적으로 공급하게 된다. 혈액을 통해 근육에 영양분을 공급하는 심폐지구력이 강해야 지치지 않고 연습할 수 있다.

○ 근력

근력은 근조직이 한 번에 발휘할 수 있는 최대 힘이다. 근육은 일상활동은 물론 신체구성 전반에 중요한 요소이다. 근지구력은 쉽게 피로해지지 않거나 피로한 상태에서도 운동을 지속할 수 있는 능력이다. 근력과 근지구력은 무용수의 체격을 유지하는 중요한 요소이고 신체를 안정적인 힘으로 유지시켜 주기 때문에 부상방지에 특히 중요하다.

○ 유연성

유연성은 관절 구조, 근육의 탄성과 길이, 행동신경 능력에 따라 결정된다. 근육, 관절, 인대의 상태와 직접적인 연관이 있다. 신체의 유연성 향상은 운동의 효율성이 좋아지는 것은 물론 자세를 바르게 유지시키고 근육과 인대의 부상 위험을 감소시킨다.

신체구성이란 신체 내의 지방과 비지방 즉, 근육, 뼈, 수분의 질량 비율을 말한다. 일반적으로 체중, 체지방량, 체지방률, 근육량, 복부지방률(Waist-Hip Ratio, WHR), 체질량지수(Body Mass Index, BMI), 비만도 등을 통해 파악된다. 신체 상태를 객관적으로 파악할 수 있는 체지방률은 전체 체중에서 지방 무게가 차지하는 백분율(%)로서 비만을 판단하기 가장 좋은 지표 중 하나이다. BMI와 비만도는 체중에 대한 척도로, 비만도는 표준체중을 기준으로 하며, BMI는 신장과 체중과의 비율에 의한 평가이다. WHR은 허리와 엉덩이의 비율로 평가하며, 특히 비만체형을 분류할 수 있는 지표로 사용된다.

○ 신체구성

기초대사량(Basal Metabolic Rate, BMR)은 생명을 유지하는 데 필요한 최소한의 에너지량으로, 체온 유지나 호흡, 심장 박동 등 기초적인 생명활동을 위한 신진대사에 쓰이는 에너지이다. 기초대사량은 유전, 성별, 나이에 영향을 받으며, 아무런 활동없이 가만히 있어도 기초대사량 만큼의 에너지가 소모된다. 체중조절을 위해 무리하게 굶게 되면 우리 몸은 흡수하는 에너지가 부족하다는 것을 느끼게 되고, 에너지 고갈을 막기 위해 기초대사량을 줄여나간다.

○ 기초대사량(BMR)

기초대사량 계산 방법	
성인남자	66.47 + (13.75×체중) + (5×키) − (6.76×나이)
성인여자	655.1 + (9.56×체중) + (1.85×키) − (4.68×나이)

식이장애는 전 세계 여성들의 다이어트와 관련하여 이슈가 되고 있다. 여성 무용수들은 마른 몸을 원하며, 다이어트가 일상화되어 있다. 다이어트로 잘못된 식습관을 갖게 되는 무용수들이 많으며, 지나친 경우 마른비만이나 거식증, 폭식증과 같은 **식이장애**에 이르기도 한다.

○ 식이장애

신경성 식욕부진증(anorexia nervosa)인 거식증은 생명을 위협할 정도로 극단적인 체중 감소가 특징이다. 지나치게 뚱뚱해질 것이라는 육체에 대한 두려움 때문에 영양결핍으로 이어져 무월경, 골다공증, 갑상선 기능저하, 대뇌 위축 등을 초래한다.

신경성 대식증, 폭식증(bulimia nervosa)은 식사 조절력 상실로 인해 발생한다. 반복폭식, 구토, 설사약 및 체중증가에 대한 공포, 일정한 시간 안에 평균보다 많이 먹는 습관, 비만 경력, 지나친 다이어트 실패로 생긴다. 의기소침 자기비하와 정신질환, 위통, 전해질 불균형, 부정맥, 치통 등이 나타난다.

○ 마른비만

무조건 굶거나 공연시즌마다 다이어트를 반복하다 보면 겉은 말랐으나 몸속은 비만인 마른비만(thin outside fat inside)이 된다. 불규칙적 식사습관은 마른비만(TOFI)을 초래한다. 마른비만은 저체중이지만, 체내의 체지방률이 높기 때문에 건강상으로 보았을 때 고도비만만큼 위험한 상태이다.

필수영양소

    우리가 매일 섭취하는 음식은 인체에 에너지를 공급하고, 인체조직을 형성하며 유지한다. 성장과 건강을 유지하고 증진시키기 위해서 섭취하는 6대 필수영양성분은 탄수화물, 지방, 단백질, 무기질, 비타민, 물이다.

    탄수화물은 뇌, 신경체계 그리고 근육에 에너지를 제공한다. 열량의 65%는 탄수화물을 통해 공급받게 되며, 탄수화물 1g은 4kcal의 열량을 낸다. 쌀, 보리, 밀과 같은 곡류, 감자, 고구마, 밤, 당류 등이 탄수화물이다.

○ 탄수화물

    지방은 주요 에너지원으로 체온을 유지하고 조직의 완충작용을 한다. 1g당 9kcal의 열량을 생성하며, 탄수화물이나 단백질에 비해 두 배 이상의 에너지를 만들기 때문에 과할 경우 체내 피하지방으로 쉽게 축적된다. 지방이 풍부한 음식은 버터, 땅콩, 기름 등이다.

○ 지방

    단백질은 생명유지와 성장에 필수적이며, 1g은 4kcal의 열량을 낸다. 인체 기관이 대부분은 단백질로 구성되어 있다. 단백질 음식으로는 소고기, 돼지고기, 생선, 조개, 두부, 콩, 달걀, 우유 등이 있다.

○ 단백질

    무기질은 뼈와 치아를 형성하는 등 체조직을 구성하는 영양소이다. 칼슘이나 철과 같은 무기질이 결핍되었을 경우 빈혈이나 골다공증이 발생한다. 미역, 다시마, 김, 톳 등과 같은 해초류와 우유에 무기질이 들어 있다.

○ 무기질

    비타민은 지용성과 수용성으로 구분된다. 지용성은 식품 내 지질과 같이 체내에 함께 흡수되며, 수용성은 소변으로 배출되므로 매일 필요량을 공급해야 한다. 오이, 시금치, 당근과 같은 녹황색 채소와 귤, 감, 포도 등의 과일에 비타민이 풍부하게 들어 있다. **무기질**과 **비타민**은 극히 소량 필요하지만 건강을 유지하는데 필수적이다.

○ 비타민

    물은 우리 몸의 2/3를 구성한다. 물은 우리 몸의 회복을 돕고, 영양물질들을 근육으로 운반하여 신진대사 및 근육활동에 관여하는 중요한 물질이다.

○ 물
1일 섭취량
⇒ 체중(kg) × 30 = _____ ml

영양섭취

영양섭취기준이란 질병이 없는 대다수 사람들이 건강을 최적 상태로 유지하는 데 필요한 영양소 섭취 수준을 의미한다. 섭취 기준은 과학적으로 밝혀진 사실에 기초하여 책정하며, 연령, 성별, 활동정도 등에 맞추어 조절한다. 영양소에 대해 분석하고 식단을 정하는 방법은 여러 가지가 있다. 최근 보건복지부에서 개발한 영양섭취기준은 누구나 쉽게 식품을 이해하고, 자신에게 적합한 식단 작성에 도움을 줄 수 있도록 고안된 방법이다. 영양소 이해를 돕는 식품구성자전거와 자신의 상태를 파악하고 식단을 구성할 수 있는 식사패턴을 참조할 수 있다.

식품구성자전거는 우리가 주로 먹는 식품종류를 영양소 함유량, 기능에 따라 비슷한 것끼리 한 식품군으로 구분하여 자전거 바퀴 모양에 섭취 횟수를 배분한 식품모형이다. 균형 잡힌 식사와 운동을 통하여 적절한 영양 및 건강을 유지할 수 있도록 돕는 모형이다.

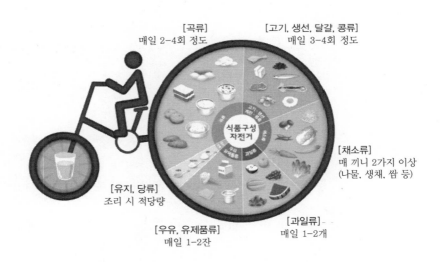

식품구성자전거
(보건복지부, 2013)

분류	내 용					
곡류 (탄수화물)	– 한국인 식생활에서 주식인 곡류는 탄수화물의 주공급원 – 밥, 국수, 빵, 떡 등을 주재료로 하는 음식들을 포함 – 1회 분량 기준 열량은 약 300kcal					
	식품군	**1인 1회 분량***				
	곡류	밥 1공기(210g)	백미(90g)	국수 1대접(건면10g)	냉면국수 1대접(건면100g)	떡국용 떡 1인분(130g) / 식빵 2쪽(100g)
고기·생선· 달걀·콩류 (단백질)	– 단백질 공급원인 고기, 생선, 달걀, 콩을 주재료로 하는 음식들을 포함 – 1회 분량 기준 열량은 약 100kcal, 단백질 10g					
	식품군	**1인 1회 분량***				
	고기· 생선· 달걀· 콩류	육류 1접시(생60g)	닭고기 1조각(생60g)	생선 1토막(생60g)	콩(20g)	두부 2조각(80g) / 달걀 1개(60g)
채소류 (비타민 및 무기질)	– 비타민, 무기질, 섬유소의 주요 공급원 – 채소, 버섯, 해조류 등을 주재료로 하는 음식 – 1회 분량 기준 열량은 약 15kcal					
	식품군	**1인 1회 분량***				
	채소류	콩나물 1접시(생70g)	시금치나물 1접시(생70g)	배추김치 1접시(생70g)	오이소박이 1접시(생60g)	버섯 1접시(생30g) / 물미역 1접시(생30g)
과일 (비타민 및 칼륨)	– 비타민 C, 칼륨, 섬유소의 주공급원으로 후식이나 간식으로 주로 이용 – 1회 분량 기준 열량은 약 50kcal					
	식품군	**1인 1회 분량***				
	과일류	사과(중) 1/2개(100g)	귤(중) 1개(100g)	참외(중) 1/2개(200g)	포도 1/3송이(100g)	수박 1쪽(200g) / 오렌지주스 1/2컵(100ml)
우유· 유제품류 (칼슘)	– 칼슘의 주 공급원 – 1회 분량 기준 열량 약 125kcal, 칼슘 200mg					
	식품군	**1인 1회 분량***				
	우유* 유제품 류	우유 1컵(200ml)	치즈 1장(20g)	호상요구르트 1/2컵(100g)	액상요구르트 3/4컵(150g)	
유지·당류	– 유지 및 당류로 주로 조리 시 이용 – 음식을 선택할 때 열량이 높지 않고, 지방함량이 적고 짜지 않은 요리를 선택 – 1회 분량 기준 열량 약 45kcal(식용유 1작은술, 설탕 1큰술)					
	식품군	**1인 1회 분량***				
	유지· 당류	식용류 1작은술(5g)	버터 1작은술(5g)	마요네즈 1작은술(5g)	커피믹스 1회(12g)	설탕 1큰술(10g) / 꿀 1큰술(10g)

〈표 1〉 영양소와 식사구성안(보건복지부, 2013)

권장식사패턴은 개인이 복잡한 영양가 계산을 하지 않고서도 자신의 영양섭취기준에 적합한 식단을 작성할 수 있는 방법을 제시한다. 자신에게 적합한 식단을 직접 작성하기 위해서는 자신에게 적합한 1일 기초 대사량을 확인하고, 필요량에 따라 적절한 권장식사패턴을 선택하여 각 식품군의 단위 수를 적용한다. 또한 섭취한 음식의 기록과 평가를 꾸준히 실시해야 한다.

(단위 : 섭취횟수)

에너지	곡류	고기·생선 달걀·콩류	채소류	과일류	우유 유제품류	유지 당류
B1000	1.5	1.5	5	1	1	2
B1100	1.5	2	5	1	1	3
B1200	2	2	5	1	1	2
B1300	2	2.5	5	1	1	3
B1400	2.5	2.5	5	1	1	2
B1500	2.5	2.5	5	1	1	3
B1600	2.5	2.5	5	1	1	3
B1700	3	3	6	1	1	3
B1800	3	3.5	7	1	1	4
B1900	3	4	7	2	1	4
B2000	3.5	4	7	2	1	4
B2100	3.5	4.5	7	2	1	4
B2200	3.5	5	7	2	1	5
B2300	4	5	7	2	1	4
B2400	4	5	7	2	1	5
B2500	4	6	7	2	1	5
B2600	4	6.5	8	2	1	6
B2700	4.5	6.5	8	2	1	5

〈표 2〉 권장식사패턴(보건복지부, 2013)

○ 연습 전 영양섭취

무용수의 경우 일상적인 수준을 넘는 격렬한 신체활동과 연습시간을 고려하여 섭취량을 적절히 조절해야 한다. 무용 연습의 전과 후, 연습 중에 섭취방법이 다르다. 연습 전에는 지속적인 에너지 공급을 통해 지치지 않고 연습할 수 있도록 한다. 식사로 혈당수치를 최적화하기 위해 흡수가 느린 다당류 탄수화물과 단백질 등을 섭취해야 한다. 공복이나 흡수가 빠른 음료를 마시고 연습하는 것은 근손실 등 신체에 부정적 영향을 끼치므로 피한다.

연습 중에는 정신적 긴장으로 위장운동이 억제되며 소화액의 분비도 저하된다. 따라서 연습 중에는 영양소를 섭취하는 것보다 많은 양의 수분을 섭취하는 것이 좋다. 특히 연습 중에는 많은 양의 수분이 손실되기 때문이다.

○ 연습 중 영양섭취

연습 후에는 근육의 성장과 지방대사율이 높아지는 중요한 시기이다. 탄수화물을 섭취하지 않으면 근육성장과정이 원활히 진행되지 않으며, 근손실로 인해 기초대사량이 떨어지게 된다. 연습이 끝난 직후에는 지친 근육을 회복시키기 위해 소화흡수가 쉽고 피로를 회복하는 데 좋은 액상주스 혹은 바나나, 사과, 딸기 등 과일을 섭취하는 것이 좋다. 운동 후 2시간 이내에 단백질을 섭취하면 근육의 성장과 신체 발달에 긍정적인 영향을 끼친다.

○ 연습 후 영양섭취

식단계획

1단계

자신에게 필요한 1일 에너지양(kcal)을 확인한다.

　　　① 신장 _____ cm, 체중 _____ kg

　　　② 1일 필요한 에너지 _____ kcal

　　　　　　　　　↓

　　1일 에너지필요량 = 표준체중 _____ kg × 35kcal

　　　　　　　　　　　　　　　↓

　　　　　　남자표준체중 = 신장(m) × 신장(m) × 22
　　　　　　여자표준체중 = 신장(m) × 신장(m) × 21

2단계

권장식사패턴(표 2)에서 1일 필요에너지(Kcal)에 따라 각 식품군의 섭취단위를 확인한다.
각 식품군의 단위 수에 맞는 영양소와 식사구성(표 1)을 보고 식사계획을 한다.

에너지 (Kcal)	곡류	단백질	채소류	과일류	우유 유제품류	유지 당류

3단계

섭취한 음식을 기록하고 평가한다.

2010 한국인 영양섭취기준 활용 가이드북
보건복지부

식사기록표

에너지 (Kcal)	곡류	단백질	채소류	과일류	우유 유제품류	유지당류
	회	회	회	회	회	회

날짜	시기	곡류	단백질	채소류	과일류	우유 유제품류	유지당류
	아침						
	점심						
	저녁						
계							
	아침						
	점심						
	저녁						
계							
	아침						
	점심						
	저녁						
계							
	아침						
	점심						
	저녁						
계							
	아침						
	점심						
	저녁						
계							
	아침						
	점심						
	저녁						
계							

2. 유산소운동

○ 유산소운동의 효과

체력을 유지하기 위해서는 적절한 영양섭취와 함께 기초체력 훈련이 필요하다. 무용연습만으로 충분한 체력을 키울 수 없다. 별도의 훈련을 통해 평소 필요한 부분의 체력을 향상시켜야 한다. 무용연습에서 요구하는 체력을 보강해 주면 집중적인 연습이나 리허설, 공연에서 자신이 발휘할 수 있는 신체적 능력이 향상된다는 것을 느낄 수 있다. 최근 세계적으로 무용수들의 체력을 중요하게 강조하고 있으며, 무용수들은 무용연습 외에도 기초체력 훈련을 위해 꾸준한 노력을 기울이고 있다.

심폐지구력을 높이는 유산소 운동은 혈액을 통해 산소를 근육으로 전달해 준다. 심장, 혈관, 혈액 등의 순환기능을 증진시켜 호흡능력, 산소섭취능력을 향상시킨다. 유산소운동을 통해 체중을 조절할 수 있으며, 일상생활에서 나타나는 피로, 근육통, 두통 등의 문제를 해결할 수 있다.

○ 유산소운동의 종류

유산소운동의 종류는 걷기, 고정식 자전거, 수영, 달리기, 줄넘기 등이 있다. 심폐지구력 향상을 위한 유산소 운동은 주 3-5회 정도 해야 하며, 강도가 낮은 3일 이내의 연습으로는 체력향상이 어렵다. 걷거나 천천히 수영하는 저·중 강도에서는 30-60분을, 고강도의 경우 20분을 권장한다. 운동계획을 세울 때 낮은 강도의 활동에서 점진적으로 강도를 높여나가는 것이 효과적이다. 또한 규칙적으로 실시하는 것이 좋다.

○ 최대심박수

적절한 유산소운동의 강도는 최대심박수를 통해 정할 수 있다. 운동 강도에 대한 평가방법은 최대심박수와 목표심박수로 계산한다. 최대심박수(maximum heart rate, MHR)는 220에서 나이를 뺀 값이다.

운동 중 본인의 심박수는 맥박수를 통해 측정한다. 목 아래의 경동맥이나 손목의 요골동맥을 손가락으로 눌러 맥박을 찾는다. 30초 동안 맥박수를 세어 곱하기 2를 하면 1분간의 맥박수를 구할 수 있다. 불규칙한 경우에는 60초 동안 재야 한다. 격렬한 운동의 강도는 최대심박수의 70-90%이며, 보통강도의 운동은 최대심박수의 55-69%이다.

심폐지구력테스트	
안정시 맥박(bpm)	
최대산소소비량(VO2max)	

운동강도 평가		
	보통강도	고난이도
최대심박수	55-69%	70-90%
말 테스트	말하기 조금 어려움	짧은 구문으로도 말하기 어려움

심폐지구력 테스트

❑ 스테퍼를 이용하여 3분간 전력을 다해 오르고 내리는 동작을 한다.

❑ 1분간 휴식한 후, 30초간 맥박수를 잰다.

❑ 테스트 결과 (30초간 심박수)

	나쁨	약간 나쁨	보통	좋음	매우 좋음
여	69 이상	64–68	56–63	51–55	50 이하
남	60 이상	55–59	46–54	41–45	40 이하

3. 근력운동

신체의 40%는 근육으로 구성되어 있으며, 근육에 의해 신체 움직임이 조절된다. 근력은 근육이 한 번에 발휘할 수 있는 최대 힘의 양이며, 근지구력은 오랫동안 근수축을 유지하거나 반복할 수 있는 힘이다. 따라서 근력과 근지구력이 강한 무용수는 쉽게 피로해지지 않거나 피로한 상태에서도 연습을 지속할 수 있다.

○ 근력운동의 효과

근력이 강한 무용수는 자세를 안정적으로 유지하고, 무용동작을 할 때 적절한 힘을 사용할 수 있다. 특히 허리, 다리, 복부의 근지구력은 척추의 정렬을 바르게 유지시켜서 허리의 통증을 막아준다. 건강한 신체 상태는 근육이 많고 지방이 적은 상태이며, 대사율이 근육량에 달려있기 때문에 체중조절에도 중요한 역할을 한다. 또한 신체 이미지에 영향을 주어 자신감을 갖게 한다. 과거 여성무용수들은 근육발달을 회피하였으나 최근 건강한 여성의 바디이미지는 점차로 근육형으로 변하고 있다.

○ 근력운동의 종류

근력을 키우는 운동은 저항훈련(resistance training) 혹은 웨이트 트레이닝이라고 부른다. 근력운동은 가슴, 등, 어깨, 팔, 복부, 하체운동으로 나뉘진다. 윗몸 일으키기는 몸통, 팔굽혀펴기는 몸통과 팔, 데드리프트와 로우는 등, 스쿼트는 하체를 안정시키는 근력운동이다.

○ 지연성근육통(DOMS)

평소에 사용하지 않던 근육을 단련하거나, 오랜만에 운동할 경우 운동을 한 날은 괜찮다가 다음날 근육통에 시달리게 된다. 이러한 통증은 건강 상태와는 상관없이 나타나는 근육의 일반적인 반응으로, 지연성근육통(Delayed Onset Muscle Soreness)이다. 보통 운동 후 12시간 이후에 발생하며, 24-72시간 동안 가장 심한 통증이 발생한다. 이후 자연스럽게 사라지게 되는데, 근육 통증이 있을 때는 적절한 스트레칭과 마사지, 가벼운 유산소 운동이 도움이 된다.

인체의 근육

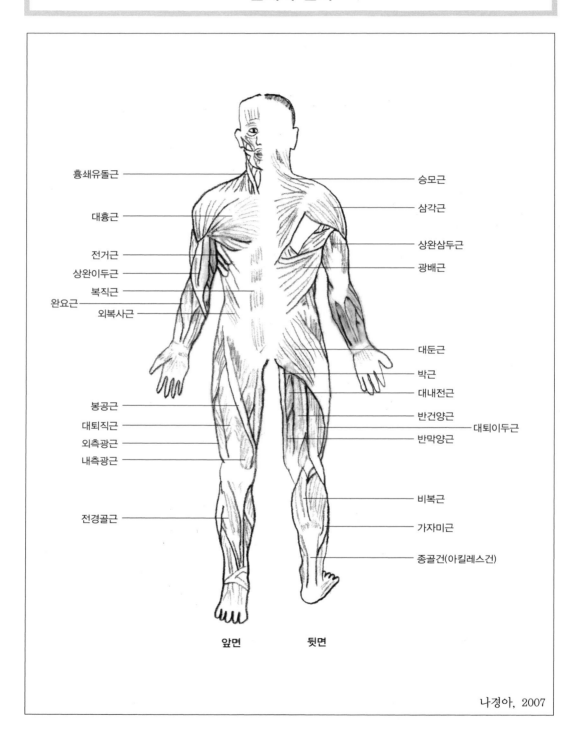

흉쇄유돌근

대흉근

전거근
상완이두근
복직근
완요근
외복사근

봉공근
대퇴직근
외측광근
내측광근

전경골근

승모근

삼각근

상완삼두근

광배근

대둔근
박근
대내전근
반건양근
반막양근

대퇴이두근

비복근

가자미근

종골건(아킬레스건)

앞면   뒷면

나경아, 2007

근력 테스트

❑ 코어테스트

엎드려서 팔꿈치로 몸을 지탱하는 자세에서 60초 이상 견디는가?

다리 한쪽씩 들고 15초, 팔 한쪽씩 들고 15초를 바른 자세로 유지할 수 있는가?

지탱하는 동안 흔들림이 없이 안정적으로 몸을 유지했는가?

등을 대고 누운 뒤 다리를 골반에서 90도 각도로 뻗는다.
서서히 내릴 때 허리가 바닥에서 뜨지 않은 상태로 몇 도까지 내려갈 수 있는가?

- 90–45°
- 45° 이하
- 0°

❑ 팔굽혀펴기

손바닥을 바닥에 대고 엎드려서 팔굽혀펴기 동작을 한다.

몇 개를 반복할 수 있는가?

❑ 를르베

발을 평행(parallel)으로 둔 상태에서, 한쪽 발로 를르베한다.

한쪽 발을 20회씩 반복한다.

오른발과 왼발의 움직임 특성이 동일한가? 어느 쪽이 더 불편한가?

골반의 위치는 안정되게 유지되었는가?

❑ 하체근력

스쿼트 자세에서 앉았다가 일어나는 동작을 반복한다.

한 발을 단 위에 올리고 둔부 힘으로 무릎을 펴서 올라갔다 제자리로 돌아온다.

런지자세에서 뒤쪽다리를 단 위에 올리고 한쪽 다리로 굴신동작을 한다.

근력운동 순서

1. 전신운동 → 2. 등운동 → 3. 어깨운동 → 4. 몸통운동 → 5. 다리운동 → 6. 복근운동

1 버피 *Burpee*

2 데드 리프트 *dead lift*

로우 *row*

근력운동 순서

1. 전신운동 → 2. 등운동 → 3. 어깨운동 → 4. 몸통운동 → 5. 다리운동 → 6. 복근운동

3 레터럴 레이즈 *lateral raise*

4 프랭크 *plank*

푸쉬업 *push up*

근력운동 순서

1. 전신운동 → 2. 등운동 → 3. 어깨운동 → 4. 몸통운동 → 5. 다리운동 → 6. 복근운동

5 스쿼트 *squat*

런지| *lunge*

근력운동 순서

1. 전신운동 → 2. 등운동 → 3. 어깨운동 → 4. 몸통운동 → 5. 다리운동 → 6. 복근운동

6 싯 업 *sit up*

크런치 *crunch*

레그 레이즈 *leg raise*

4. 유연성운동

    신체의 가동범위를 자유롭게 움직일 수 있는 능력이 유연성(flexibility)이다. 무용수들은 다리를 전후좌우로 자유롭고 높게 들어 올리고 동작과 팔의 움직임 표현력을 풍부하게 하기 위해 관절가동 범위를 확장시킨다. 유연성은 무용수의 동작기술과 표현 능력을 좌우하는 중요한 요인 중 하나이다. 무용수들에게는 가장 친화력이 높은 기초체력 요소이다.

    유연성은 관절 외에도 근육, 건, 인대의 영향을 받는다. 특히 근육조직은 유연성을 기르는 데 중요하다. 부드럽고 규칙적인 스트레칭은 유연성에 큰 도움이 된다. 그러나 근육이 견뎌내는 스트레칭의 정도는 한계가 있으므로 과하게 스트레칭을 하면 연결조직이 약해지고 파열된다. 안정적이고 효과적인 유연성운동은 관절과 근육의 가동범위 내에서 점진적으로 실시하는 것이다. 고강도의 갑작스러운 유연성운동은 근육과 관절에 손상을 가져온다.

○ 스트레칭의 효과

    유연성을 키우기 위해서는 스트레칭 운동을 한다. 척추, 목, 어깨, 고관절, 팔, 다리 관절과 근육을 늘려주는 운동 방법에는 정적 운동, 반동 운동, 수축과 이완 운동이 있다.

○ 스트레칭의 종류

    유연성은 관절건강과 밀접한 관련이 있다. 관절을 지지하는 근육이나 다른 조직들이 타이트할 때 비정상적인 스트레칭을 하면 관절이 악화된다. 스트레칭은 관절의 가동 범위에 따라 결정된다. 무릎이나 팔의 경첩관절은 한 방향으로 접히는 동작이 가능하다. 골반, 어깨와 같은 구관절은 전후좌우 다양한 범위로 움직임이 가능하다.

○ 관절의 가동 범위

인체의 면		관절 운동
측면 (Sagittal or Median Plane)	_____ (Flexion)	관절을 중심으로 두 뼈의 각을 좁히면서 굽히는 운동
	_____ (Extension)	굴곡의 반대운동으로 관절의 각도가 커지는 동작이며, 180도에 근접하면 완전한 신전
정면 (Frontal or Coronal Plane)	_____ (Adduction)	신체의 중심선인 정중면으로 가까이 오는 운동
	_____ (Abduction)	신체의 중심선인 정중면에서 신체의 일부분을 멀리하는 운동
횡단면 (Transverse or Horizontal Palne)	_____ (Rotation)	인체분절 축으로 도는 운동

인체의 골격

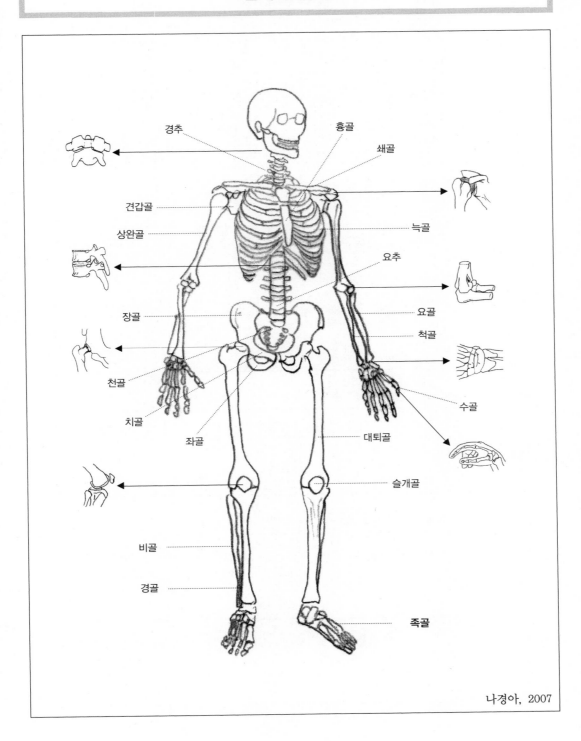

경추
흉골
쇄골
견갑골
상완골
늑골
요추
장골
요골
척골
천골
치골
좌골
대퇴골
수골
슬개골
비골
경골
족골

나경아, 2007

유연성테스트

□ 어깨 움직임 : 어깨 높이 기준

<table>
<tr><td rowspan="6">팔의 굴곡－
신전 각도</td><td>오른쪽</td><td>왼쪽</td><td>굴곡 각도</td></tr>
<tr><td></td><td></td><td>이상</td></tr>
<tr><td></td><td></td><td>92-95°</td></tr>
<tr><td></td><td></td><td>이하</td></tr>
<tr><td>오른쪽</td><td>왼쪽</td><td>신전 각도</td></tr>
<tr><td></td><td></td><td>이상</td></tr>
</table>

	오른쪽	왼쪽	
			145-150°
			이하

<table>
<tr><td rowspan="6">팔의 외전－
내전 각도</td><td>오른쪽</td><td>왼쪽</td><td>외전 각도</td></tr>
<tr><td></td><td></td><td>이상</td></tr>
<tr><td></td><td></td><td>92-95°</td></tr>
<tr><td></td><td></td><td>이하</td></tr>
<tr><td>오른쪽</td><td>왼쪽</td><td>내전 각도</td></tr>
<tr><td></td><td></td><td>이상</td></tr>
</table>

	오른쪽	왼쪽	
			124-127°
			이하

□ 몸통 측굴곡 : 수직으로 세워진 척추 기준

몸통이 옆으로 기울어지는 각도	오른쪽	왼쪽	굴곡 각도
			이상
			36-40°
			이하

□ 발목 플렉스(dorsi flexion)－포인트(plantar flexion) : 발뒤꿈치 선 기준

플렉스	오른쪽	왼쪽	굴곡 각도
			이상
			13°
			이하

포인트	오른쪽	왼쪽	신전 각도
			이상
			55°
			이하

□ 고관절 굴곡-신전 : 비둘기 자세에서 진단

굴곡	오른쪽	
	왼쪽	
신전	오른쪽	
	왼쪽	

양쪽 움직임이 모두 편안한가?

골반 좌우균형이 유지되었는가?

□ 고관절 외전-내전 : 엎드려서 구부린 상태에서 진단

외전	오른쪽	
	왼쪽	
내전	오른쪽	
	왼쪽	

양쪽 움직임이 모두 편안한가?

골반 좌우균형이 유지되었는가?

□ 턴아웃 각도 : 발을 평행상태에서 천천히 돌린 후 측정

턴아웃 각도	오른쪽	
	왼쪽	
턴아웃할 때 무릎 위치	오른쪽	
	왼쪽	

양쪽 움직임이 모두 편안한가?

골반 좌우균형이 유지되었는가?

스트레칭운동 순서

1. 척추운동 → 2. 팔운동 → 3. 다리운동 → 4. 복부운동 → 5. 등운동 → 6. 전신,휴식

---

1 목과 척추 – 굴곡, 신전, 측굴곡, 회전

2 팔 – 굴곡, 신전, 내전, 외전

스트레칭 운동 순서

1. 척추운동 → 2. 팔운동 → 3. 다리운동 → 4. 복부운동 → 5. 등운동 → 6. 전신,휴식

3 다리 – 굴곡, 신전, 내전, 외전

4 복부 – 신전

스트레칭 운동 순서

1. 척추운동 → 2. 팔운동 → 3. 다리운동 → 4. 복부운동 → 5. 등운동 → 6. 전신,휴식

5 등 - 신전, 회전

6 마무리 휴식

동작기술

1. 표현성 원리

2. 동작기술 분류

1. 표현성 원리

무용수들은 신체동작을 통해 자신의 내면적 상태를 표현하는 능력이 뛰어나다. 연습과정에서 움직임 감각을 사용하여 근신경을 조절하는 능력을 습득하게 되고, 자신의 동작미감(kinesthetic sense)을 발현시켜 독특한 춤 표현을 완성해 나간다.

○ 델사르트의 신체의미

델사르트(F. Delsarte, 1811-1871)는 우리 몸의 표현성을 머리, 허리 위, 허리 아래 또는 머리, 몸통, 팔다리로 나누어 설명한다. 신체의 가장 위에 있는 머리는 정신, 지성적 지대이며, 허리 윗부분은 감정적 지대이고, 허리 아래의 부분은 활력과 육체의 지대라고 정의하였다. 이처럼 신체를 의미단위에 따라 크게 세 부분으로 구분하고 있으며, 세부적인 위치에 따라서 지속적인 삼분법으로 신체의 표현적 의미를 설명한다.

몸통은 다시 세부적으로 가슴 위-가슴-가슴 아래로 구분된다. 가슴 윗부분은 정신지대로서 권위와 인식에 연관된 영혼의 지대이고 폐가 위치하고 있다. 가슴부분은 감정지대로서 애정과 연결된 영혼의 지대이며 심장이 위치하고 있다. 가슴아래 몸통부분은 복부지대로서 활력적인 육체의 지대이며 소화기관과 생식기관이 위치하고 있다.

몸을 가누는 자세에 따라 어떤 타입의 사람인가 알 수 있는데 가슴을 높이 젖혔을 때 자만과 명예를 나타낸다. 가슴이 앞쪽으로 향하고 배가 들어갔을 때는 표준 자세이고, 가슴상단이 감정적이고 정신적인 성격을 갖도록 과장시키는 제스처나 손을 가슴에 놓은 채 마무리 짓는 몸짓은 애정을 표현한다.

신체를 둘러싸고 있는 공간에도 의미가 부여된다. 몸통 앞의 공간, 옆의 공간, 뒤의 공간들에 따라 부여되는 의미가 다르다. 앞의 공간은 육안으로 잘 보여지는 영역이므로 쉽게 이해되는 공간이며, 두려움이 적으므로 활력적인 공간이다. 양옆의 공간은 좀 더 감정적이고 암시적이며, 뒤에서 끝맺어지는 몸짓은 부정이거나 두려움이며 무의식중에 그리고 잠재의식중에 행해질 수 있는 공간이다(Shawn, 1968).

라반(R. Laban, 1879-1958)은 움직임을 창조하고 통찰할 수 있는 근본적 요소를 분석하기 위하여 공간과 신체와의 관계를 연구하였다. 라반의 동작분석(Effort-shape movement analysis) 범주는 신체, 공간, 형태, 에포트이다. 인간의 신체가 공간에 드러나는 형태를 쉐입(shape)이라 하며, 수반되는 내적인 태도를 에포트(effort)라 한다. 공간 방향으로 나타나는 형태(shape)는 상승과 하강, 확장과 수축, 전진과 후퇴이다. 에포트의 요소는 시간, 공간, 무게, 흐름이다. 자유롭거나 억제된 감정을 표현하는 흐름(flow), 직선적이거나 우회적 사고를 드러내는 공간(space), 가볍거나 무거운 감각을 표현하는 힘(weight), 지속적 시간이나 변화하는 시간의 직관성을 드러내는 시간(time)이다. 이러한 4가지 에포트가 모두 나타나는 경우는 특정한 순간뿐이며, 일반적인 동작에서는 둘 혹은 세 개의 에포트 결합이 나타난다(Matthews, 2001).

○ 라반의 동작분석

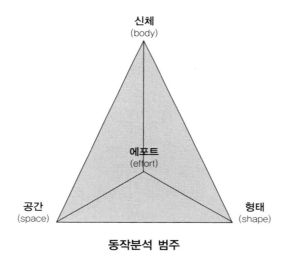

동작분석 범주

1차원 공간으로 즉 한쪽 방향으로 움직일 때 나타나는 형태와 거기에 수반된 에포트의 자연스러운 관계를 에포트 어피니티라 한다. 이는 공간과 움직임의 관계를 연결시켜 움직임의 특성을 판단할 수 있는 기준이 된다. 공간에는 몸이 움직일 수 있는 방향이 있다. 하나의 축이 존재하는 일차원 공간과 3가지 축이 결합하는 3차원 입체적 공간(crystalline forms)이다.

○ 에포트 어피니티즈

1차원 공간

○ 공간방향

에포트 어피니티즈(effort affinities)에서 가장 단순한 움직임의 척도는 1차원적 척도이다. 수직, 수평, 전후 축에는 두 방향성이 나타난다. 신체를 중심으로 수직 축(vertical dimension)에는 위쪽과 아래쪽 방향이 있다. 수평축(horizontal dimension)에는 몸에서 밖으로 열리는 쪽과 몸 쪽으로 닫히는 방향이 있다. 전후축(sagittal dimension)에는 앞쪽과 뒤쪽의 방향이 있다. 수직 축에서 상, 하의 공간으로 오르기(rising), 내리기(sinking), 형태(shape)를 나타낸다. 여기에는 무게(weight) 에포트(effort)가 수반된다. 위쪽을 향하는 방향으로 올라가는 형태에서 에포트는 가볍고(light), 아래를 향하는 방향으로 내려갈 때는 무겁다(strong). 수평축의 좌, 우 공간에

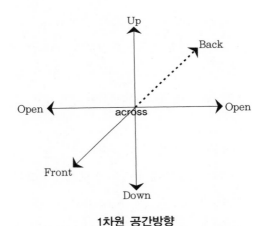

1차원 공간방향

공간(Space)		형태(Shape)	에포트(Effort)	
축	방향		요소	범주
수직축	위	오르기	무게	가벼움
	아래	내리기		무거움
수평축	밖	넓히기	공간	분산
	안	좁히기		집중
전후축	앞	전진	시간	지속
	뒤	후진		변화

서는 확장(spreading)과 수축(enclosing)하는 형태가 나타난다. 여기에는 공간(space) 에포트가 수반된다. 신체 외부로 열리는 방향으로 확장되는 형태에서 에포트는 방향이 흩어지고(indirect), 신체 쪽으로 닫히는 방향으로 수축되는 형태에서 에포트는 방향이 분명하다(direct). 전후축의 앞, 뒤 공간에서는 전진과 후퇴하는 형태가 나타난다. 여기에는 시간(time) 에포트가 수반된다. 앞쪽으로 나아가는 형태에서 에포트는 지속적이고(sustained) 뒤쪽으로 물러가는 형태에서 에포트는 변화(quick)한다. 공간 방향에 나타나는 에포트 어피니티즈의 기준으로 움직임의 특성을 측정할 수 있다.

3차원 공간

인간의 몸이 공간에서 수직 축을 유지하기 위해서는 중력 작용에 저항하는 힘을 이용해야 한다. 이를 기반으로 좌우와 전후의 축으로 움직이게 된다. 삼차원 움직임은 운동공간의 최대치를 포괄한다. 형태를 만드는 범위의 최대치이므로 운동 최대치를 보이는 표현적이고 기능적 범위를 나타낸다.

정육면체(cube) 안에는 네 개의 대각선 대칭축이 만들어진다. 평면적 대칭축이 아니라 대각선적 대칭축에 둘러싸인 삼차원동작이 나타난다. 3차원의 축이 한 지점에서 만나는 정육면체(cube)에는 신체를 중심으로 8개의 꼭짓점 방향을 향한 행위충동(action drive)이 나타난다. 입체의 내면에는 대각선 방향으로 움직이는 척도가 존재하며 따라서 중심의 움직임이 강하게 나타나는 공간이다.

○ 행위충동

1번 방향은 열린, 위, 앞 방향이다. 그 공간에 나타나는 떠오르기 동작에는 방향이 흩어지고, 무게가 가볍고, 시간상 흐름의 변화가 없다. 2번 방향은 닫힌, 아래, 뒤 방향이다. 그 공간에 나타나는 펀치동작에는 방향에 초점이 있고, 무겁고, 시간상 흐름이 빠르게 변화된다. 3번 방향은 닫힌, 위, 앞 방향이다. 그 공간에 나타나는 미끄러져 올라가기 동작에는 방향에 초점이 있고, 가볍고, 시간상 흐름의 변화가 없다. 4번 방향은 열

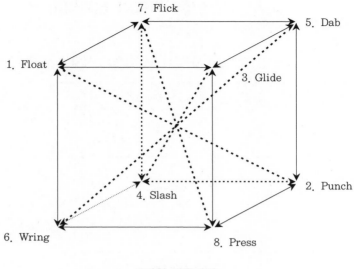

○ 정육면체

3차원 정육면체

린, 아래, 뒤 방향이다. 그 공간에 나타나는 내리베기 동작에는 방향이 흩어지고, 무겁고, 시간상 흐름이 빠르게 변화된다. 5번 방향은 닫힌, 위, 뒤 방향이다. 그 공간에 나타나는 때리기 동작에는 방향에 초점이 있고, 가볍고, 시간상 흐름이 빠르게 변화되는 속성이 수반된다. 6번 방향은 열린, 아래, 앞 방향이다. 그 공간에 나타나는 비틀기 동작에는 방향이 흩어지고, 무겁고, 시간상 흐름의 변화가 없다. 7번 방향은 열린, 위, 뒤 방향이다. 그 공간에 나타나는 휘두르기 동작에는 방향이 흩어지고, 가볍고, 시간상 흐름이 빠르게 변화된다. 8번 방향은 닫힌, 아래, 앞 방향이다. 그 공간에 나타나는 누르기 동작에는 방향에 초점이 있고, 무겁고, 시간상 흐름의 변화가 없다(나경아, 2005).

델사르트의 신체의미

정신, 감정, 육체 활력 3분법으로 신체의 의미가 구분된다.

신체		의미
머리	뒤통수	
	정수리	
	얼굴	
몸통	가슴	
	허리	
	복부	
팔	위 팔	
	아래 팔	
	손	
다리	허벅다리	
	종아리	
	발	
등		

액션 드라이브

1.떠오르기 Float	2. 펀치 punch	3. 미끄러지기 glide
4. 내리베기 slash	5. 때리기 dab	6. 비틀기 wring
7. 흩뿌리기 flick	8. 누르기 press	

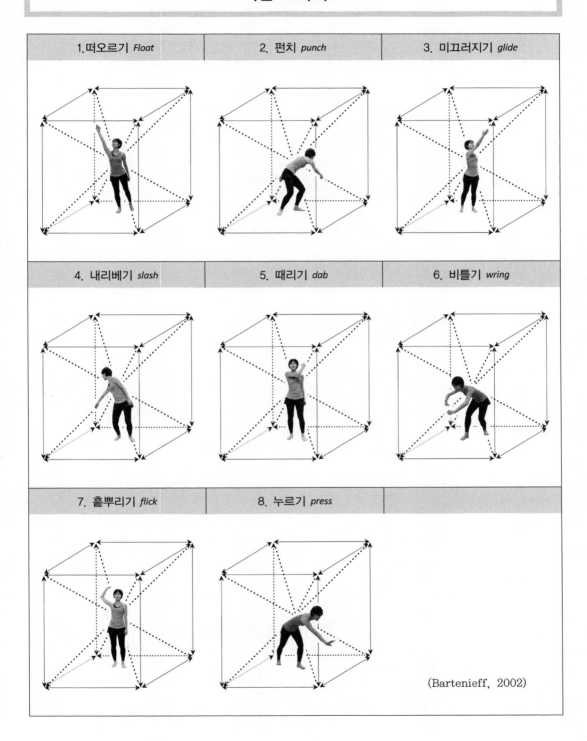

(Bartenieff, 2002)

에포트 측정

1차원　　　몸을 중심으로 위-아래, 밖-안, 앞-뒤로 움직이면서 에포트를 관찰-측정한다.
3차원　　　정육면체 8개 꼭짓점 방향으로 움직이면서 에포트를 관찰, 측정한다.

❏ 1차원 공간에 대한 에포트 측정

동작	에포트	점수
Rising	위쪽으로 상승할 때 무게가 가벼웠는가?	−3 −2 −1 0 1 2 3
Sinking	아래쪽으로 가라앉을 때 무게가 무거웠는가?	−3 −2 −1 0 1 2 3
Spreading	바깥쪽으로 펼쳐질 때 공간의 초점이 흩어졌는가?	−3 −2 −1 0 1 2 3
Enclosing	안쪽으로 좁혀질 때 공간의 초점이 명확했는가?	−3 −2 −1 0 1 2 3
Advancing	앞쪽으로 전진할 때 일정한 시간이 유지되었는가?	−3 −2 −1 0 1 2 3
Retreading	뒤쪽으로 후진할 때 시간의 변화가 나타났는가?	−3 −2 −1 0 1 2 3

❏ 정육면체 3차원 공간안에 액션 드라이브 에포트 측정

동작	에포트	점수
1. 떠오르기 float	가벼움 light	−3 −2 −1 0 1 2 3
	흩어짐 indirect	−3 −2 −1 0 1 2 3
	시간유지 sustained	−3 −2 −1 0 1 2 3
2. 펀치 punch	무거움 strong	−3 −2 −1 0 1 2 3
	모아짐 direct	−3 −2 −1 0 1 2 3
	시간변화 quick	−3 −2 −1 0 1 2 3
3. 미끄러지기 glide	가벼움 light	−3 −2 −1 0 1 2 3
	모아짐 direct	−3 −2 −1 0 1 2 3
	시간유지 sustained	−3 −2 −1 0 1 2 3
4. 내리베기 slash	무거움 strong	−3 −2 −1 0 1 2 3
	흩어짐 indirect	−3 −2 −1 0 1 2 3
	시간변화 quick	−3 −2 −1 0 1 2 3
5. 두드리기 dab	가벼움 light	−3 −2 −1 0 1 2 3
	모아짐 direct	−3 −2 −1 0 1 2 3
	시간변화 quick	−3 −2 −1 0 1 2 3
6. 비틀기 wring	무거움 strong	−3 −2 −1 0 1 2 3
	흩어짐 indirect	−3 −2 −1 0 1 2 3
	시간유지 sustained	−3 −2 −1 0 1 2 3
7. 흩뿌리기 flick	가벼움 light	−3 −2 −1 0 1 2 3
	흩어짐 indirect	−3 −2 −1 0 1 2 3
	시간변화 quick	−3 −2 −1 0 1 2 3
8. 누르기 press	무거움 strong	−3 −2 −1 0 1 2 3
	모아짐 direct	−3 −2 −1 0 1 2 3
	시간유지 sustained	−3 −2 −1 0 1 2 3

　　인간은 광범위하고 다양한 운동기술을 습득하면서 성장한다. 움직임을 통해 뇌와 신경체계의 조절능력이 발달해간다. 인간이 신체를 움직이는 것은 환경적 정보를 받아들이는 감각 능력과 정보처리과정에서 가능해진다. 감각을 통해 들어 온 정보가 신체를 조절하는 데까지 일련의 과정으로 진행된다. 반복연습으로 근육에 힘 조절능력이 생기고 움직임의 협응단위가 발달한다. 근신경이 연결되고 심장과 호흡 기능이 이를 뒷받침하게 되면서, 새로운 동작기술이 습득된다. 뇌 안에 반복연습을 통해 형성된 도식 체계가 안정된 동작기술을 가능하게 한다.

○ 동작기술의 개념

　　무용수의 동작기술이 점차 안정적으로 목적된 동작을 성취하게 되는 것은 반복 연습결과이다. 동작의 반복적 연습으로 비가시적 내적변화의 과정이 지속적으로 나타난다. 무용스타일마다 다양하고 독특한 동작기술들이 어떻게 생성되고 제어되는지를 파악한다면 동작을 연습하는 데 도움이 된다.

　　한국무용의 잔걸음과 발레의 브레동작을 수행하기 위해 각각 신체 어떤 근육을 사용해야 하는가? 현대무용을 할 때, 일상적 동작과 테크닉이 어떻게 자연스럽게 연결되는가? 점프를 잘하기 위해 필요한 준비동작은 무엇인가? 접촉즉흥을 할 때, 상대방의 힘에 어떻게 반응해야 하는가? 여성무용수를 들어 올리는 남성무용수는 무게의 저항을 어떻게 이용할 것인가? 살풀이 수건을 사용할 때, 어떻게 힘을 조절할 것인가? 북춤을 출 때, 북과 몸의 일체감을 만들기 위해 동작을 어떻게 조절해야 하나? 서로 다른 종류의 춤동작 사이의 공통점과 차이점을 분석하여 동작기술의 특징을 파악할 수 있다.

　　무용기교는 행위의 목적으로서의 과제이다. 특정한 동작기술을 성취하기 위해 동작기술의 목적인 과제의 특징을 알아야 한다. 이것이 적절히 수행되기 위해서는 몸통과 사지를 조절해야 한다. 무수히 다양한 무용기술의 종류를 체계적으로 분석하면 동작기술을 습득하고 문제점을 고쳐나가기가 훨씬 쉬워진다. 춤 스타일과 동작소의 특징에 따라 무용동작기술은 다양한 방법으로 분류될 수 있다. 동작요소의 차이와 유사성에 따라 범주화가 가능하다.

동작기술의 분류는 다양하고 복잡한 무용기술의 특징을 구체적으로 파악하게 한다. 기술의 특성과 관련시킨 동작범주는 동작의 정확성, 동작의 시작점과 끝점, 환경의 안정성, 타이밍 조절, 물체조작 여부, 신체이동 여부에 따라 구분된다.

무용동작기술 분류

동작기술의 기준	기술 종류	무용동작의 예
1. 동작의 정확성	대근육 운동기술	
	소근육 운동기술	
2. 동작의 시작점과 끝점	비연속적 운동기술	
	연쇄적 운동기술	
	연속적 운동기술	
3. 환경의 안정성	폐쇄기술	
	개방기술	
4. 타이밍 조절	자조기술	
	외조기술 혹은 강제기술	
	혼합페이스기술	
5. 물체의 조작	무조작기술	
	조작기술	
6. 신체의 이동 여부	신체 안정기술	
	신체 이동기술	

동작기술 진단

강점(+)	
약점(−)	

5

활동노트

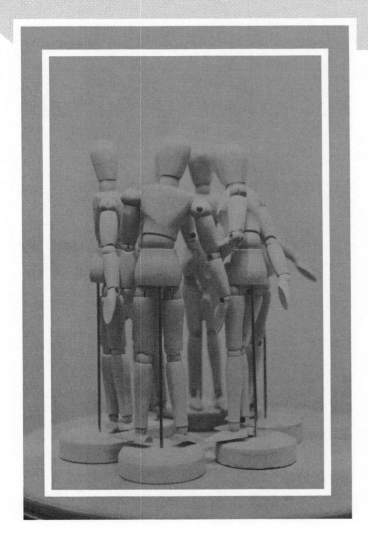

□ 주간목표

배운 내용 중에서 실천할 수 있는 목표 세우기

□ 실천일지

일주일 동안 실천해 본 내용을 구체적으로 적기

□ 마음일지

일주일 동안 감사한 일 3가지 이상 적기
일주일 동안 떠오른 생각·감정 자유롭게 표현하기

□ 조원-격려의 글

조원의 실천내용을 보고 격려의 글쓰기
따라 해 보고 싶은 내용 적어보기

1주 훈련일지

❑ 주간목표

❑ 실천일지

날짜	실천내용

❑ 마음일지

❑ 조원-격려의 글

2주 훈련일지

❏ 주간목표

❏ 실천일지

날짜	실천내용

❏ 마음일지

❏ 조원-격려의 글

3주 훈련일지

❏ 주간목표

❏ 실천일지

날짜	실천내용

❏ 마음일지

❏ 조원-격려의 글

4주 훈련일지

❑ 주간목표

❑ 실천일지

날짜	실천내용

❑ 마음일지

❑ 조원-격려의 글

5주 훈련일지

날짜	실천내용

6주 훈련일지

❏ 주간목표

❏ 실천일지

날짜	실천내용

❏ 마음일지

❏ 조원-격려의 글

7주 훈련일지

❏ 주간목표

❏ 실천일지

날짜	실천내용

❏ 마음일지

❏ 조원–격려의 글

8주 훈련일지

❏ 주간목표

❏ 실천일지

날짜	실천내용

❏ 마음일지

❏ 조원-격려의 글

9주 훈련일지

❑ 주간목표

❑ 실천일지

날짜	실천내용

❑ 마음일지

❑ 조원-격려의 글

10주 훈련일지

❏ 주간목표

❏ 실천일지

날짜	실천내용

❏ 마음일지

❏ 조원-격려의 글

11주 훈련일지

❑ 주간목표

❑ 실천일지

날짜	실천내용

❑ 마음일지

❑ 조원-격려의 글

12주 훈련일지

❏ 주간목표

❏ 실천일지

날짜	실천내용

❏ 마음일지

❏ 조원-격려의 글

13주 훈련일지

❑ 주간목표

❑ 실천일지

날짜	실천내용

❑ 마음일지

❑ 조원-격려의 글

14주 훈련일지

❏ 주간목표

❏ 실천일지

날짜	실천내용

❏ 마음일지

❏ 조원–격려의 글

15주 훈련일지

❑ 주간목표

❑ 실천일지

날짜	실천내용

❑ 마음일지

❑ 조원-격려의 글

15주 훈련일지 내용

차시	실천내용	만족도	마음일지 키워드
1주			
2주			
3주			
4주			
5주			
6주			
7주			
8주			
9주			
10주			
11주			
12주			
13주			
14주			
15주			

□ 무용적성 분석	
	무용수행 영역의 검사 결과를 기록한다.
	무용수행 영역에서 노력이 필요한 부분을 찾는다.
□ 최고수행을 위한 훈련계획	
목표설정	최종적으로 이루고 싶은 목표를 정한다.
	올해 공연시즌 목표를 정한다.
	공연을 위한 구체적인 훈련목표를 정한다.
훈련영역	4가지 영역에 대한 목표를 세운다.
	목표를 이룰 수 있는 구체적인 방법을 찾는다.

무용적성 분석

영역		결과
심리	성격	
	수행심리	
	공연불안	
신체	자세정렬	
	심폐지구력	
	근력	
	유연성	
	체구성	
	부상, 통증	
동작 기술	강점	
	약점	
생활 영역	식사습관	
	술, 담배	
	수면	
	인간관계	
	시간관리	
	취미생활	
	휴식	

최고수행을 위한 훈련계획

목표 설정	장기목표 (최종목표)		
	공연시즌목표		
	훈련목표		
훈련 영역	심리	목표	
		방법	
	신체	목표	
		방법	
	동작 기술	목표	
		방법	
	생활 방식	목표	
		방법	

3. 무용수를 위한 문장

□ 매주 2문장씩 따라 써본다.

□ 주어진 문장을 눈으로 따라 읽어본다.

□ 주어진 문장을 목소리를 내어 읽어본다.

□ 주어진 문장을 따라 쓰고 외워본다.

□ 기억에 남는 단어나 문장을 자주 소리 내서 말해본다.

훌륭한 무용수는
하루에도 몇 차례씩
닥칠 수 있는 위기 상황에
대해 생각하고
그것을 헤쳐 나갈 방법을
생각해 놓는다.
성공적인 공연을 위해
치밀하고 철저한
공연준비를 해야 한다.

함께 공연하는 무용수는
서로 의지해야 한다.
나의 동료가
어려움을 당하는 것보다
내가 당하는 것이 낫다.
이런 생각이 공연에서
우리를 불안하지
않게 한다는 것을
잘 알고 있다.

2주 무용수를 위한 문장 따라 쓰기

나는 최악의 처참한
경우도 경험해 보았다.
훌륭한 공연을 위해
이 정도 고생하는 것은
아무것도 아니다.
최악의 상황에서 고생했을
때를 다시 생각해 보겠다.
이 정도 어려움은
아무것도 아니다.

나는 공연 직전에
'이제 나의 할 바는 다했다'는
느낌이 들도록 나의 모든
정성과 노력을 다한다. 연습과
준비 정도에 따라 공연 전에 그
결과는 이미 결정되는 것이다.
내 할 바를 다했다고 느끼면
공연 자체는 두렵지 않다는
것을 잘 알고 있다.

나도 불안하지만
무대에 오르는 사람은
누구나 불안하다.
내가 해낼 수 있을까
의심하는 것은
다른 사람도 다 똑같다.
의지가 강한 사람이 결국
성공적 공연을 한다는 걸
잘 알고 있다.

나를 진정으로 생각해 주는
사람은 내가 1등 한다고
나를 좋아하고 1등 못한다고
싫어하지 않는다.
내가 할 수 있는바 가장 많은
땀과 치밀한 준비를 한
공연이면 결과가 어떻든
그들의 애정은 변함이 없다는
걸 알고 있다.

다른 사람들이
뭐라 하거나,
어떠한 상황이 닥쳐도
나는 언제나 안전하다.
나는 나를 변함없이
지켜주는
힘이 있다는 것을
믿는다.

나보다 잘하는 사람들이
많다는 것은
나에게 유익한 일이다.
내가 보고 배울 것이
많다는 것이고,
내가 나태해지지
않도록 자극이 되기
때문이다.

내 목표는
내 실력이 얼마나
나아지느냐에 있다.
콩쿠르에 나가서 남을
이기든 지든 그것이
크게 중요한 것은 아니다.
나는 나의 목표를
나름대로 정하고
거기에 도달하기 위해
전력을 다한다.

내 목표를
이루기 위해
구체적 전략과
행동규칙을 정한다.
현실적이고 구체적인
내용들을 작성한다.

나는 다른 무용수와
경쟁하지 않는다.
내 무용목표를
스스로 정하고
그것을 해낼 수 있는
나의 노력으로
이루어간다.

나는 이 상황을
이길 능력이 있으며
이것은 치밀하고 착실한
연습과 준비에 의해
이루어진다는 것을
잘 안다.

실수하는 것을
두려워하지 않겠다.
인간은
누구나 실수하며
그것을 통해
배워나간다.

나의 꿈은 ○○○처럼
되는 것이다.
그렇게 스타가 되기 위해
남다른 노력이
반드시 있었을 것이다.
나는 그에 마땅한 대가를
치를 각오가 되어 있으며,
즐거운 마음으로
준비해 가겠다.

8주 무용수를 위한 문장 따라 쓰기

반복 연습과 준비를 하면
공연도중 실수에 대한
걱정도 다 달아난다.
불안 없이 완전히 능숙하게
잘 할 수 있을 때까지
끈기 있게 반복연습과
준비를 한다.

함께 공연(연습)하는
동료 무용수들은 자기
자신이다. 최상의 공연은
단결에 있고 단결은 곧 성공적
공연결과를 낳는다. 나라에
불화가 있으면 전쟁을 할 수
없고, 동료 무용수 사이에
불화가 있으면 성공적인 공연을
할 수 없다.

연습은 자신감과
인내력을 길러 준다.
연습이 부족할 때
자신감을 잃게 되며
특히 공연에서
위기상황에 부딪혔을 때
더욱 그렇다.

단지 자신이 지닌 매력을
드러내기 위해
무대에 서는 것이 아니라,
진정한 내 자신이
되기 위해
무대에 오른다.

10주 무용수를 위한 문장 따라 쓰기

내가 하는 무용에 대해
하나하나 알아가는
즐거움이 너무 좋다.
새로운 동작기교(표현)를
배워가는 것이 즐겁다.
무용에서 내 약점을
보완해 나가는 것이
너무 좋다.

내가 불안해하는 것을
인정한다. 그러나 남들도 다
불안해한다는 것을 알고 있다.
문제는 누가 그 불안을
잘 대처하느냐이다.
나는 불안해하는 데 드는
에너지를 내 실력을 조금이라도
향상시키는 쪽에 사용하겠다.

한 단계씩
내 실력이 늘 때마다
기쁨을 느끼며 보람을 느낀다.
1등이나 우승은
이런 것들이 모여서
이루어지는 것이다.
나는 내 기술, 내 실력 향상에
정신을 집중한다.

무용에
완전히 몰입해
푹 빠져 있을 때
느끼는 즐거움이
너무 좋다.

12주 무용수를 위한 문장 따라 쓰기

날 때부터 자신감을 가지고
태어나는 사람은 없다.
자신감은 만들어지는 것이며
만들어 갈 수 있다.
끊임없는 정성과 노력이
자신감의 뒤를 받치는
버팀목이다.

성공적인 공연을 위해
무용수의 사기는
아주 큰 부분이다.
함께 무대에 오르는
무용수들이
서로를 격려하면
사기가 높아진다.

나는 현명하고 유능한
무용수이다. 나는 현명하게
공연을 준비한다.
내가 할 수 없는 것,
쓸데없는 생각이
나를 방해하는 것을
용납하지 않는다.

내가 실패하면
남이 어떻게 생각할지
걱정하는 것은
내가 공연을 하는데
아무런 도움을 주지 못한다.
공연에 도움을
주지 않는 것은
모조리 잊어버린다.

춤을 즐긴다.
즐기며 하는 무용연습,
하고 싶어 하는 무용연습의
효과가 마지못해 하는 것보다
훨씬 크다.
최상의 결과는
내가 즐겁게 기꺼이 하는
과정 끝에 온다.

부모님, 선생님의
기대에 부응해야 하지만
공연(콩쿠르, 오디션)에서
실패해서 그렇게
웃지 못할 경우도 있다.
내 할 바를 다하고
나머지는
신경 쓰지 않겠다.

인간이기 때문에
완벽할 수는 없으며,
완벽하려고 초조해 할
필요도 없다.
그러나 연습에 의해
완벽에 접근할 수
있다는 것은 안다.

공연(콩쿠르, 오디션) 중
실수가 있더라도
다시 나의 평상심을
찾을 수 있는 방법이 있다.
신중히 하겠지만
만약 실수를 하더라도
걱정 없다.

참고문헌

- 고흥환·김기웅·장국진(1995), 『운동 행동의 심리학』, 서울: 보경문화사.
- 김기웅(2016), 『공연예술가들이 경험하는 심리적 문제』, 춤공연 심리학과 정신훈련, 한예종 무용원 이론과 국제학술대회 자료집.
- 김기웅(1999), 『운동학습의 기초』, 서울: 보경문화사.
- 나경아(2011), 『무용심리학』, 보고사.
- 나경아(2011), 『무용인을 위한 과학적 훈련방법: 자기관리프로그램』, 보고사.
- 나경아(2013), 「무용수 자기관리 훈련 프로그램」, 한국예술종합학교 무용원 국제학술 심포지움 자료집, 한국예술종합학교, 33-45쪽.
- 나경아(2016), 「전공별 성격유형(MBTI)에 나타나는 심리기능 차이에 대한 연구」, 『한국예술연구』 13호, 107-124쪽.
- 나경아(2016), 「무용인의 심리적 특성과 정신훈련방법」, 한국예술종합학교 무용원 국제학술심포지움 자료집, 한국예술종합학교, 67-79쪽.
- 나경아·김리나·박현정(2011), 『무용전공 대학생의 신체정렬분석』, 한국예술연구.
- 나경아·박현정·김리나(2011), 『무용전공 대학생의 신체이미지와 체구성 간의 관계 분석』, 무용과학회, 6월.
- 나경아(2005), 『무용동작의 이해』, 두솔출판사.
- 나경아(2007), 『무용의 원리』, 보고사.
- 나경아·정윤경(2014), 「무용수 웰니스를 위한 무용전공 대학생의 심리적 특성 분석」. 『한국예술연구』 제10호, 한국예술연구소.
- 이경태(1995), 『무용의학』, 금광.
- 이현욱·허영일(2002), 『전공유형별 무용상해 실태분석』, 한국무용과학회.
- 조상현 역(1999), 『움직임 해부학』, 영문출판사.
- 차광석(1999), 『무용과학: 생리학적 접근방법』, 21세기 교육사.
- 『2010 한국인 영양 섭취기준』, 보건복지부, 2013.

- Arnheim, D.(1980), Dance Injuries: Their prevention and care. St. Louis: Mosby.
- Barham, J. & Wooten, E.(1973), Structural kinesiology. New York: Macmillan Publishing Co.

- Bartenieff, I.(2002), Body movement, Routledge.
- Brown, M.(1973), The new body psychotherapies, Psychotherapy: Theory, research and practice, 10, pp.98−116.
- Buckworth, J. & Dishman, R. K.(2002), Exercise Psychology, Human kinetics.
- Calabrese, L. H., Kirkendall, D. T., Floyd, M., Rappoport, S., Williams, G. W., Weiker, G. G. & Bergfeld, J. A.(1983), Menstrual abnormalities, nutritional pattern and body composition in female classical ballet dancers. The Physician and Sportsmedicine, 11, pp.86−98.
- Cash, T. F. & Pruzinsky, T.(Ed.)(1990), Body Image: Development, Deviance, and Chage. The Guilford Press.
- Clarkson, P. M. & Skrinar, M.(1988), Science of Dance Training, Human Kinetics.
- Cohen, B.(1993), Sensing, feeling, and action: The experiential anatomy of body−mind centering. Northampton, MA: Contact Edition.
- Corey, G.(2001), Theory and practice of counseling and psychotherapy. Thomson Learning.
- Cox, R. H.(1990), Sport psychology: Concepts and applications(2nd ed.). Dubuque, IA: Wm C. Brown.
- Crouch, J. E.(1978), Functional human anatomy. Philadelphia: Lea and Febiger.
- Csikszentmihalyi M.(1990), Flow: The Psychology og Optimal Performance. New York:Cambridge Univ Press.
- Dasch, C. S.(1978), Relation of dance skills to body cathexis and locus of control orientation. Perceptual and Motor Skills, 46, pp.465−466.
- Davies, E.(2001), Beyond dance: Laban's legacy of movement analysis. London: Brechin Books Ltd.
- Diamond, J.(1979), Behavioral Kinesiology. New York: Harper & Row.
- Donnelly, J. E.(1982), Living anatomy. IL: Human Kinetics.
- Feltz, D. L. & Landers, D. M.(1983), The effects of mental practice on motor skill learning and performance: A meta analysis. journal of sport Psychology, 5, pp.25−57.
- Fitt, Sally Sevey(1988), Dance Kinesiology, NY,London: Schirmer books.
- Fitts, P. M.(1967), Human performance. Belmont, CA: Books/cole.
- Fitts, P. M.(1964), Perceptual−motor skill learning. In A. W. Melton(Ed.), Categories of human learning. New York: Academic Press, pp.243−285.
- Flanagan, O.(1991), The science of mind. Cambridge, MA: MIT Press.
- Franklin, E.(1996), Dance Imagery for Technique and Performance. Champaign, IL: Human Kinetics.

- Garrick, J. G., Requa, R. K.(1993), Ballet injuries: An analysis of epidemiology and financial outcome. The American journal of sports medicine, 21.
- Georgina Lewis(2012), Preventing Burnout: Rest, Relaxation, and Reduced Stress, Digital Commons@Loyala Marymount University and Loyola Law School, Dance History, December.
- Gray, J. A.(1989), Dance instruction : Science applied to the art of movement. Champaign, IL: Human Kinetics.
- Gurley, V., Neuringer, A. & Massee, J.(1984), Dance and sports compared : Effects on psychological well-being. Journal of Sports Medicine, 24, pp.58-68.
- Hamilton LH et al.(1989), Personality, stress, and injuries in professional ballet dancers, Am J Sports Med 17(2), pp.263-267.
- Hamilton, L.(1997), The dancers health survey part II: From injury to peak performance. Dance Magazine, 71(2), pp.60-65.
- Hatch, F. W.(1974), The dancer as a control system: Psychological Perspectives on Dance. New York: Congress on Research in Dance.
- Helm, J. K.(1987), Body-image perception and self-esteem in eating disordered females : Further validation the silhouette Body Image test. Master's thesis submitted to Lakehead University, Thunder Bay Ontario.
- Laban, Rudolf Von.(1947), Effort. London:Mcdonald & Evans Ltd.
- Lamb, D.(1978), The physiology of Exercise: Responses and adaptations. New York: Macmillan Publoshing Co.
- Laws, K.(1984), The physics of dance. New York: Schirmer Books.
- Lawson, J.(1984), Teaching young dancer-Muscular coordination in classical ballet. A & C Black.
- Lazarus, A. A.(1996), The utility and futility of combining treatments in psychotheraphy. Clinical Psychology: Science and Practice, 3(1), pp.59-68.
- Leste, A., & Rust, J. (1984) Effects of dance on anxiety. Perceptual and Motor Skills, 58, pp.767-772.
- Lowenkaupf, E. L. & Vincent, L. M.(1982), The student ballet dancer and anorexia. Hillside Jouranl of Clinical Psychiatry, 4, pp.53-64.
- Marchant SE and Wilson GD.(1992), Personality and stress in performing artists, Personality and Individual Differences 13(10), pp.1061-1068.
- Martens, R., Landers, D. M.(1970), Motor performance under stress: A test of the inverted-U hypothesis. Journal of Personality and Social Psychology, 16, pp.29-37.
- Matthews, A.(2001), Introduction to LMA, New York: Laban/Bartenieff Institute of movement studies.

- Neisser, U.(1988), Five Kinds of Self-Knowledge, Philosophical Psychology1, 1: pp.35-59.

- Newlove, J.(1993), Laban for actors and dancers: Putting Laban's movement theory into practice: A step-by-step guide. New York: Routledge.

- Nilsson C, Leanderson J, Wykman A and Strender LE.(2001), The injury panorama in a Swedish professional ballet company, Knee Surg Sports Traumatol Arthrosc 9(4), pp.242-246.

- Nordin SM. Cummings J: The development of imagery in dance part II; quantitative findings from a mixed sample of dancers. J Dance Med Sci 2006 (1&2), pp.28-34.

- Olsen, A. & McHose, C.(1991), Body stories: A guide to experiential anatomy. Barrytown, NY: Station Hill Press.

- Olsen, A.(2002), Body and earth: An experiential guide. Hanover and London: University Press of New England.

- Orlich T. Partinton J.(1988), Mental links to excellence. Sport Psychol. 2, pp.105-107.

- Perls, L. W.(1974), The dancer as a control system: Psychological Perspectives on Dance. New York: Congress on Research in Dance.

- Peterson, J. R.(2011), Dance Medicine Head to Toe, Prinston book co.

- Pierce, A. & Pierce, R.(1989), Expressive movement: posture & action in daily life, sports & the performing arts. New York: Plenum Press.

- Priddle, R. E. A.(1978), comparison between the perception of space images and the creation of spatial images in movement. In R. E. Priddle(Ed.), Psychological perspectives on dance. Dance research annual(Vol. 11). New York: Congress on Research in Dance.

- Quested E, Duda JL.(2011), Antecedents of burnout among elite dancers: A longitudinal test of basic needs theory, Psychology of Sport and Exercise 12(2), pp.159-167.

- Raskin, R. & Hall, C. S.(1981), A narcissistic personality Inventory: Alternate form reliability and further evidence of construct validity. Journal of Personality Assessment, 45, pp.159-162.

- Ravaldi et al.(2003), Eating disorders and body image disturbances among ballet dancers, gymnasium users and body builders, Psychopathology 36(5), pp.247-254.

- Roberts KJ, Nelson NG and McKenzie L.(2013), Dance-related injuries in children and adolescents treated in US emergency departments in 1991-2007, J Phys Act Health 10(2), pp.143-150.

- Robson BE.(2010), Psychological issues in the clinical approach to dancers. In:SataloffRT,BrandfonbrenerAG,LedermanRJ(eds):PerformingArtsMedicine.Narberth, PA:Science&Medicine, pp.381-391.

- Robson BE.(2016), Mental skills training for maximizing performance, 춤공연심리학과 정신훈련, 한예종 무용원 이론과 국제학술대회 자료집.

- Rolland, J.(1984), Inside motion: An ideokinetic basis for movement education. Northampton, MA: Contact Editions.

- Russell, J. A. & Wang, T. J.(2012), Injury occurrence in universit. Dancers and their access to healthcare. Journal of Dance Medicine & Science, 4, pp.199-210.

- Russell, J. A.(2013), Physicality, Injuries, Healthcare in Dancers, 무용수 건강을 위한 과학, 한예종 무용원 이론과 국제학술대회 자료집

- Russell, J. A.(2013), Preventing dance injuries: current perspectives. Journal of Dance Medicine & Science, 16(4), pp.101-108.

- Samuels, M. & Samuels N.(1975), Seeing with the mind's eye. New York: Random House.

- Schnitt, D.(1990), Psychological issues in dancers-An overview. Journal of Physical Education, Recreation, and Dance, pp.32-34.

- Schnitt, J. M. & Schnitt, D.(1987), Psychological issues in a dancer's career. Chicago:Precept Press.

- Schnitt, J. M. & Schnitt, D.(1986), Eating disorders in dancers. Medical Problems of Performing Artists, 1(2), pp.39-44.

- Schnitt, J. M. & Schnitt, D.(1987), Psychological issues in a dancer's career. In A.J.Ryan(Ed.), Dance medicine. Chicago: Precept Press.

- Shawn, T.(1968), Every little movement. Princeton, N. J.: Dance Horizons.

- Smith, M. C. & Thelen, M. H.(1984), Development and validation of a test for bulimia nervosa. Journal of Consulting and Clinical Psychology, 52, pp.863-842.

- Smith, R. E., Ptacek, J. T. & Patterson, E.(2000), Moderator effects of cognitive and somatic trait anxiety on the relation between life stress and physical injuries. Anxiety stress and coping, Vol.13.

- Spielberger, C. D.(1972)(ed), Anxiety. Current trends in theory and research (vol.1), NY: Academic press.

- Spielberger, C. D.(1966), Theory and research on anxiety. In C.D. Spielberger(ed). Anxiety and behavior, NY: Academic press.

- Strupp, H. H.(1992), The future of psychodynamic psychotherapy. Psychotherapy, 29(1), pp.21-27.

- Tajet-Foxell, B. & Rose, F. D.(1995), Pain & pain tolerance in professional ballet dancers, Br J Sports Med. pp.150-158.

• Taylor J and Taylor C.(1995), Psychology of dance, Champaign, IL: Human Kinetics.

• Thomas D. Fahey, Paul M. Insel, Walton T. Roth(2013), Fit & Well, McGrow Hill co., 10thed.

• Thomas, H.(2003), The Body, Dance and Cultural Theory. New York: Palgrave.

• Thomas, H., & Ahmed, J.(2004), Cultural Bodies : Ethnography and Theory. MA: Blackwell.

• Thomason, J. A.(1983), Multidimensional assesment of locus of control and obesity. Psychological Reports. 53m, pp.1083-1086.

• Thompson, C. W. & Floyd, R. T.(1994), Manual of structural kinesiology, St. Louis: Mosby.

• Walker I. J. & Nordin-Bates SM(2010), Performance anxiety experience of professional dancers, The importance of control. Journal of Dance Medicine & Science, 14(4), pp.133-145.

• Watkins, A. & Clarkson P. M.(1990), Dancing longer Dancing Stronger, Princeton book co.

• Weinberg, R. S. & Could, D.(1995), Foundations of sports and exercise psychology, Champaign, IL: Human Kinetics.

• Weiner, B., Heckhausen, H., Meyer, U.U. & Cook, R. E.(1972), Causal ascriptions and achievement motivation: A conceptual analysis of effort and reanalysis of locus of control, Journal of personality and Social psychology, 21, pp.239-248.

• Winnicott, D. W.(1967), The location of cultural experience. International Journal of Psychoanalysis, 48, pp.368-372.